M. Beermann, A. Breucker, J. Gröning

Tänze für 1001 Nacht

Geschichten, Aktionen und Gestaltungsideen für 14 Kindertänze

Bilder von Susanne Szesny

Ökotopia Verlag Münster

Impressum

Autorinnen:
Marlies Beermann, Annette Breucker, Jutta Gröning

Titelgrafik u. Illustration:
Susanne Szesny

Satz:
stattwerk e.G., Essen

Druck:
Druckwerkstatt Hafen GmbH, Münster

ISBN (Buch incl. CD): 3-925169-82-2
ISBN (nur Buch): 3-925169-86-5
ISBN (MC): 3-925169-83-0

Dieses Buch wurde auf garantiert chlorfreiem Papier gedruckt.
Im Bleichprozeß wird statt Chlor Wasserstoffperoxid eingesetzt. Dadurch entstehen keine hochtoxischen CKW (Chlorkohlenwasserstoff)-haltigen Abwässer.

CIP-Titelaufnahme der Deutschen Bibliothek
Tänze für 1001 Nacht : Geschichten, Aktionen und Gestaltungsideen für 14 Kindertänze / [Hrsg.: Spielewerkstatt Rhinozeros]. Marlies Beermann ; Annette Breucker ; Jutta Gröning. [Ill.: Susanne Szesny]. – Münster : Ökotopia-Verl.
ISBN 3-925169-82-2 (Buch incl. CD) / 3-925169-86-5 (nur Buch)
NE: Beermann, Marlies; Breucker, Annette; Gröning, Jutta;
Spielewerkstatt Rhinozeros <Oberhausen, Rheinland>

Inhalt

Die Autorinnen

Marlies Beermann

Diplom-Sozialpädagogin, seit 1982 Mitbegründerin und Mitarbeiterin der Spiel- und Kulturwerkstatt „Rhinozeros", Mitautorin der „Mini-Spielekartei" und der „Musik- und Tanz-Spielekartei", arbeitet als freiberufliche Referentin in der Spiel- und Tanzpädagogik.

Annette Breucker

Diplom-Sozialpädagogin, seit 1985 Mitarbeiterin der Spiel- und Kulturwerkstatt „Rhinozeros", arbeitet seit 1988 als freiberufliche Referentin in der Spielpädagogik; Autorin zahlreicher spielpädagogischer Fachbücher wie: „Das ist der Bär los", „Musik- und Tanz-Spielekartei", „Schmusekissen – Kissenschlacht", „Umwelt-Spielekartei", „Schnickschnack" und andere.

Jutta Gröning

Diplom-Sozialarbeiterin, Tanz-Sozialtherapeutin, hauptberuflich tätig in der beruflichen Rehabilitation psychisch behinderter Menschen; seit 1987 Leitung von Kursen und Workshops für Tanz und Tanz-Sozialtherapie, tänzerische Schwerpunkte liegen auf dem orientalischen und afrikanischen Tanz.

Vorwort

Kinder lieben es, sich zur Musik zu bewegen und ausgelassen zu tanzen. Doch einfache Kindertänze, die schon mit kleinen Kindern durchgeführt werden können, gibt es leider nur selten. Aus diesem Grund entstand bei uns der Wunsch, neue Tänze für Kinder mit eigens dazu geschriebener Musik zu erfinden. Tänze für Kinder sollen jedoch nicht für sich allein stehen, sondern inhaltlich einen Bezug zum Leben der Kinder haben und durch „Rundum"-spielsituationen vielfältige Beschäftigungen ermöglichen.

Jeder Abschnitt dieses Buches beginnt mit einer Geschichte, die in das Thema einführt, einerseits das Interesse der Kinder daran wecken möchte und andererseits zum Nach- oder Mitspielen einlädt.

Die Gestaltungsideen sind mehr oder weniger aufwendig; so ist es allein schon vom Thema her gegeben, daß zu einem Tanz der Ritter und Burgfrauen entsprechende Verkleidungen geradezu notwendig sind, wohingegen es für den Tanz der Raufbolde und Kratzbürsten nur auf die Gesichter und Körperteile, Mimik und Gestik ankommt.

Einige Themen sprechen eher Kinder im Grundschulalter an, andere schon Kinder ab 3 Jahren. Wir sind von einem typischen Durchschnitts-Kindergartenalter ausgegangen (d.h. 4 bis 5 Jahre), meinen jedoch, daß in altersgemischten Gruppen ebenso Kinder ab 3 Jahren an den Spielideen teilhaben und mitmachen können, wie auch Kinder der ersten beiden Grundschulklassen. Grundsätzlich sind wir von einer Gruppengröße von etwa 15 bis 25 Kindern ausgegangen.

Beim Überblick der Themen dieses Buches wird der Leserin/dem Leser deutlich, daß wir sehr unterschiedliche Bereiche gewählt haben: einige sind dem Kinderalltag sehr nahe, andere wieder kommen eher aus der Vorstellungswelt des Kindes. So ist eine Mischung aus Konkretem und Abstraktem, aus sozialem Miteinander wie auch Geschichtliches und Elementares entstanden. Manch ein Thema wird Ihnen vielleicht zu schwierig erscheinen. Aus diesem Grunde sollen die einführenden Geschichten, die Fingerspiele oder Gestaltungsideen und die vielen Spiele im darstellerischen Bereich die Einführung in den Tanz erleichtern und bereichern. Jeder Tanz kann somit zu einem längeren Abenteuer für eine Spielgruppe werden.

Mit Kindern tanzen heißt für uns immer mit einem spielerischen Hintergrund bzw. aus einer Spielidee heraus. Es sollte möglichst wenig gezählt werden müssen und die musikalischen Unterteilungen leicht erkennbar sein. Die Tänze lassen Raum für weitere Variationen. So wie wir unsere Phantasie haben spielen lassen, sind auch die SpielleiterInnen, die mit diesem Buch und der Musik arbeiten, eingeladen, weiterzuspinnen. Wenn Kinder tanzen, kann niemand perfekte Inszenierungen erwarten; was jedoch nicht ausschließt, daß der eine oder andere Tanz bei einem Fest vorgeführt werden kann. Bei Festen sollte vor allem eines nicht vergessen werden: laden Sie alle Erwachsenen zum Mitmachen und Mittanzen ein!

Die Autorinnen freuen sich über Rückmeldungen (auch kritische!) beim Ausprobieren und wünschen viel Spaß bei Spiel, Gestaltung und Tanz!

Von Stöcken, Besenstielen und allerlei Gehölz

Stöcke üben auf Kinder einen großen Reiz aus. Sie werden beim Spaziergang im Wald gesammelt, und zwar möglichst so viele, daß sie gar nicht mehr allein getragen werden können. Stöcke werden des weiteren als Werkzeuge gebraucht, aber auch zum Kämpfen und Jagen benutzt. Ebenso können mit Stöcken verschiedenste Dinge gebaut werden. Nicht zuletzt benutzen die Kinder Stöcke als Requisit der Macht und Stärke, tragen doch viele Regenten, Häuptlinge oder Anführer als Zeichen ihrer Macht einen Stab. Auch die Zauberer mit ihren funkelnden und glitzernden Zauberstäben nutzen die Zaubermacht des Stockes. Im Bereich des Folkloretanzes gibt es zahlreiche Stocktänze, die allerdings meistens von Männern getanzt werden.

Die Faszination des Stockes auf Kinder war der Anlaß, dieses erste Kapitel rund ums Thema „Gehölz“ zu gestalten. Bereits durch die einführende Geschichte wird phantasievolles Tun und Gestalten mit Stöcken angeregt. Der Klopfstocktanz verbindet zeremonielles Gehabe (mit dem Stock auf den Boden klopfen: „Achtung: Jetzt zeige ich euch etwas!“) und pantomimisches Vormachen/Nachmachen mit Hilfe des Stockes.

Aufruhr vor der Kellertür

(Geschichte)

Stockpuppen selbstgemacht

(Gestaltungsidee)

Spiele mit Stöcken und Hölzern

✳ **Stockexperimente**
✳ **Stockakrobatik**
✳ **Ratebilder mit Stock**

Der Klopfstocktanz

Aufruhr vor der Kellertür

Es war Nacht. Nur der Mond tauchte von Zeit zu Zeit hinter einer Wolke hervor und ließ sein warmes Licht in den Garten scheinen. Pia, Janik und Hanna lagen längst in ihren Betten und schliefen.

Ein kleiner Haufen Stöcke, den die drei am Nachmittag gesammelt hatten, lag noch aufgestapelt vor der Kellertür. Am nächsten Tag wollten sie damit weiterspielen.

„He, mach mal ein bißchen Platz da, Kleiner! Du zerquetschst mich ja!" hörte man plötzlich eine Stimme aus dem Haufen rufen. Und schon hüpfte ein kleiner, biegsamer Stock zur Seite.

„Na also, es geht doch", brummte jetzt wieder der dicke, kräftige Ast und räkelte sich genüßlich hin und her.

„Diese kleinen, mickrigen Zweige werden wirklich immer frecher, finden Sie nicht auch?" fragte er einen alten, knorrigen Stock, der neben ihm lag. Doch der antwortete gar nicht.

Also redete der dicke, kräftige Ast einfach weiter: „Ich bin ja ein kräftiger Stock, das seht ihr ja wohl alle. Mit mir kann man wenigstens etwas anfangen. Morgen, wenn die Kinder wiederkommen, werden sie bestimmt nur mit mir spielen. Ich bin nämlich nicht so zerbrechlich wie die da."

Herablassend blickte er auf ein paar dürre Zweige unter sich.

„Mit mir kann man auch mal ordentlich hauen. Ich gehe bestimmt nicht kaputt."

Jetzt meldete sich eine hohe, piepsige Stimme von der anderen Seite.

„Entschuldigen Sie, ich möchte ja nicht widersprechen. Natürlich sind Sie sehr kräftig und halten bestimmt vieles aus. Aber sehen Sie doch mich einmal an." Und eine lange, biegsame Weidenrute richtete sich auf und machte die wildesten Verrenkungen. Mal ließ sie ihre Spitze bis zum Boden wandern, dann wieder beugte sie sich elegant nach rechts und links, ohne aus dem Gleichgewicht zu kommen.

„Sehen Sie, ich bin zwar nicht so kräftig wie Sie, aber mit mir läßt sich doch so mancherlei machen, finden Sie nicht auch?" Die lange, biegsame Rute legte sich zufrieden auf den Haufen zurück.

Bewundernd mischte sich nun ein dünner, zerbrechlicher Zweig in das Gespräch ein.

„Ach, wenn ich doch nur so wäre wie Sie! Aber leider bin ich ganz dünn und zart und muß immer aufpassen, daß niemand auf mich tritt. Denn dann breche ich sofort entzwei. Ja, wir kleinen, zerbrechlichen Zweige haben es wirklich nicht leicht", stöhnte er mit leiser Stimme.

„Komm nur her!" brüllte da der kräftige, starke Stock aus seiner Ecke und richtete sich auf.

Mit rauher, tiefer Stimme drohte er: „Dann zerbreche ich dich, und du bist endlich weg. Ihr kleinen, mickrigen Zweige stört sowieso nur. Wenn ihr nicht da wärt, hätten wir viel mehr Platz. Euch kann man ja sowieso zu nichts gebrauchen!"

Plötzlich meldete sich neben dem starken Stock der alte, knorrige Ast zu Wort. Er hatte bisher noch gar nichts gesagt, und alle glaubten, er schliefe längst tief und fest.

„Aber, aber, warum streitet ihr euch denn, „ sagte er mit ruhiger Stimme. „Wir alle liegen schon nicht umsonst hier. Ihr werdet es morgen erleben. Jeder von uns ist zu etwas zu gebrauchen. Also legt euch jetzt lieber schlafen und ruht euch aus."

Die anderen Stöcke waren einverstanden. Bald war es ganz still in dem Haufen. Nur der starke, kräftige Stock brummte noch ein bißchen vor sich hin, bis auch er schließlich einschlief.

Am nächsten Morgen, gleich nach dem Frühstück, kamen Janik, Pia und Hanna nach draußen gelaufen. Es waren Ferien im Kindergarten, die Sonne schien, und es würde ein heißer Tag werden.

„Kommt, wir wollen uns ein Floß bauen! Das können wir dann im Bach schwimmen lassen", rief Hanna aufgeregt.
„Prima!" riefen die anderen beiden. Und schon begannen sie mit dem Bau. Jeden Stock konnten sie gut gebrauchen. Die dicken, kräftigen Äste nahmen die Kinder für den Boden. Sie wurden nebeneinander gelegt und mit einer Schnur zusammengebunden. Die Zwischenräume schlossen Hanna und Janik mit den dünnen, zerbrechlichen Zweigen. Der alte, knorrige Stock wurde von Pia am Rand befestigt. Die Segelstange bauten sie aus den langen, biegsamen Weidenruten.
Am Nachmittag war das Floß endlich fertig.
„Na seht ihr", flüsterte der alte, knorrige Ast. „Jeder ist eben zu etwas gut."
Die anderen nickten, und selbst der starke, kräftige Stock konnte da nicht mehr widersprechen.

Stockpuppen selbstgemacht

Material: allerlei Stöcke, Naturmaterialien wie: Blätter, Wurzeln, Kastanien, Eicheln, Früchte, Schafswolle etc., Blumenbindedraht, Kleber, Scheren

Aus gefundenen Stöcken aller Art und Naturmaterialien lassen sich mit Hilfe von Blumenbindedraht phantasievolle oder auch seltsame Stockpuppen herstellen. Die beste Sammelzeit ist natürlich der Herbst. Früchte und Blüten sind getrocknet. Schilfartige Gräser eignen sich als Verkleidung, und Schafswolle kann von den Weidezäunen gezupft werden. Kastanien oder Eicheln müssen vorher durchbohrt werden, damit sie mit dem Draht am Stock festgebunden werden können.
Wichtig ist es, daß der Stockteil zum Anfassen mindestens noch einmal so lang ist wie die gestaltete Figur. Der Stock darf auch nicht sehr schwer sein, damit man mit der Puppe hinter einem Vorhang spielen kann. Den jüngeren Kindern sollte bei der Gestaltung der Stockpuppe geholfen werden. So könnten die Phantasiegestalten aussehen:

Anschließend kann mit diesen Puppen Theater gespielt werden (vielleicht die Geschichte vom Anfang dieses Kapitels?).

Spiele mit Stöcken und Hölzern

Stockexperimente

Mit vielen gesammelten Stöcken läßt sich mancherlei anstellen:

* die Stöcke vergleichen und sortieren nach Größe, Umfang, Art der Rinde, gerade oder krumm, biegsam oder zerbrechlich
* ihre Biegsamkeit testen; wann zerbricht ein Stock?
* mit dem Stock in die Luft schlagen; wie hört es sich an?
* mit unterschiedlichen Stöcken auf Holz, Stein, Wasser o. a. schlagen und die Geräusche vergleichen
* einen Balancierparcours auf dem Boden auslegen und auf den Stöcken laufen

Stockakrobatik

Diese kleinen Geschicklichkeitsspiele lassen sich am besten draußen ausprobieren, direkt dort, wo gute Stöcke gefunden worden sind.

* Die Kinder stellen den Stock senkrecht auf den Boden, lassen ihn los und versuchen ganz schnell, einmal in die Hände zu klatschen, um dann den Stock wieder zu halten. Wenn es gut klappt, wird nun versucht zweimal, dreimal oder so oft wie möglich zu klatschen. Wer schafft noch mehr?
* Wieder wird der Stock senkrecht auf den Boden gestellt. Jetzt lassen ihn alle los, und versuchen, sich um die eigene Achse zu drehen. Dann wird der Stock schnell wieder aufgefangen.
* Die Kinder stellen sich zu zweit gegenüber jeweils mit einem Stock in der rechten Hand. Der Stock wird senkrecht auf den Boden gestellt. Auf das Kommando: „Achtung, fertig, los!" lassen beide Kinder gleichzeitig ihre Stöcke los und fangen den anderen Stock auf. Wenn der andere Stock ohne Schwierigkeiten erwischt wurde, kann der Abstand zwischen den Kindern vergrößert werden. Alle sollten es auch einmal mit der linken Hand probieren.
* Der Stock wird von den Kindern senkrecht in der Hand oder auf einem Finger balanciert. Gelingt es gut, wird anschließend eine bestimmte Strecke festgelegt, die vorwärts oder rückwärts mit dem Stock zurückgelegt werden soll.

Ratebilder mit Stock

Material: Alle benötigen einen geraden Stock von etwa 50 cm Länge

Die Kinder werden in Gruppen zu dritt oder viert eingeteilt. Jede Gruppe denkt sich etwas aus, was der Stock sein könnte (z.B. Angelrute, Kochlöffel, Dirigentenstab, Regenschirm, Riesenzahnbürste, Eis, Ruder eines Schiffes ...) und stellt dies als Szene oder Bild dar. Die anderen raten.

Der Klopfstocktanz

Da mit dem Stock auf den Boden geklopft werden soll, kommt der Tanz selbstverständlich nur bei einem Fußboden mit einer gewissen Resonanz zur Wirkung. Die Kinder sollten sich ihre Tanzstöcke selbst gesucht und evtl. bearbeitet haben. Als Länge wird empfohlen: Jedes Kind sollte bei angewinkeltem Ellenbogen (45 Grad) das obere Ende des Stockes mit der Hand umschließen können, wenn der Stock auf dem Boden steht. Alle stehen mit ihrem Stock in den Händen im Kreis.

Teil A:

1. Mit dem Stock wird dreimal auf den Boden geklopft (Gesang: „Hört mal her!"). Anschließend halten alle den Stock mit der rechten Hand fest und gehen nach rechts um ihren eigenen Stock herum (Gesang: „Wie laut ich klopfen kann!").
2. wie bei 1., nur links herum
3. wie 1. (Gesang: „Seht mal her: was ich noch alles kann!")
4. Mit dem Stock dreimal auf den Boden klopfen, dann stehenbleiben.

Teil B (instrumental):

In 8 Zeiten führt zunächst die Spielleitung vor, was der Stock darstellt, und geht dabei nach rechts herum im inneren Kreis. Alle anderen schauen zu, ahmen während der Wiederholung der Musik (ebenso 8 Zeiten) die Bewegungen nach und gehen dabei nach rechts im Kreis herum.
Was kann der Stock beim Tanzen darstellen:

✳ Besen
✳ auf dem Besen reiten
✳ eine Fahne herumschwenken
✳ Regenschirm
✳ Krückstock
✳ Tennisschläger
✳ Minigolfschläger
✳ duftende Blume
✳ Gewicht heben
✳ Kamm
✳ Dirigentenstab
✳ Paddel eines Bootes usw.

Während der Wiederholungen von Teil B sollte ein vorher bestimmtes Kind mit dem Stock etwas darstellen. Die Musik zum Klopfstocktanz hat drei Durchgänge und endet mit einem doppelten ersten Musikteil.

Rasselmonster und Klingelgespenster

Wer kennt das nicht, sich bei einer Gespenstergeschichte so richtig zu gruseln und anschließend genüßlich unter seine Bettdecke zu kriechen? Sicherlich liegen unsere Erinnerungen daran schon ein wenig zurück. Doch all die Geschichten um Monster und Gespenster sind für unsere Kinder so aktuell und faszinierend wie eh und je. Dabei spielen die Dunkelheit ebenso wie das Schaurig-Schöne eine entscheidende Rolle. Gerade der heutige Spielzeugmarkt, aber auch Film und Fernsehen bieten Monster und Gespenster in unterschiedlichster Form an und vermarkten sie. Warum also haben auch wir dieses Thema aufgegriffen?

Natürlich war es uns zum einen wichtig, ein Thema zu wählen, das Kinder anspricht. Es stand für uns jedoch nicht das Gruseln im Mittelpunkt. Vor allem wollten wir Kindern die Möglichkeit geben, selbst in die Rolle eines Rasselmonsters oder Klingelgespenstes hineinzuschlüpfen.
Die Ausweitung und kreative Gestaltung des Themas durch die Herstellung lustiger Kostüme, das Anfertigen kleinerer Instrumente, spannende Spiele und natürlich nicht zuletzt der Tanz bieten Kindern einen neuen, ganz anderen Zugang. Ebenso ist auch die Geschichte dahingehend geschrieben, sich mit dem kleinen Rasselmonster und Klingelgespenst anzufreunden und sie in ihr Herz zu schließen.

Also, auf ins Rasselmonster- und Klingelgespenster-Leben!

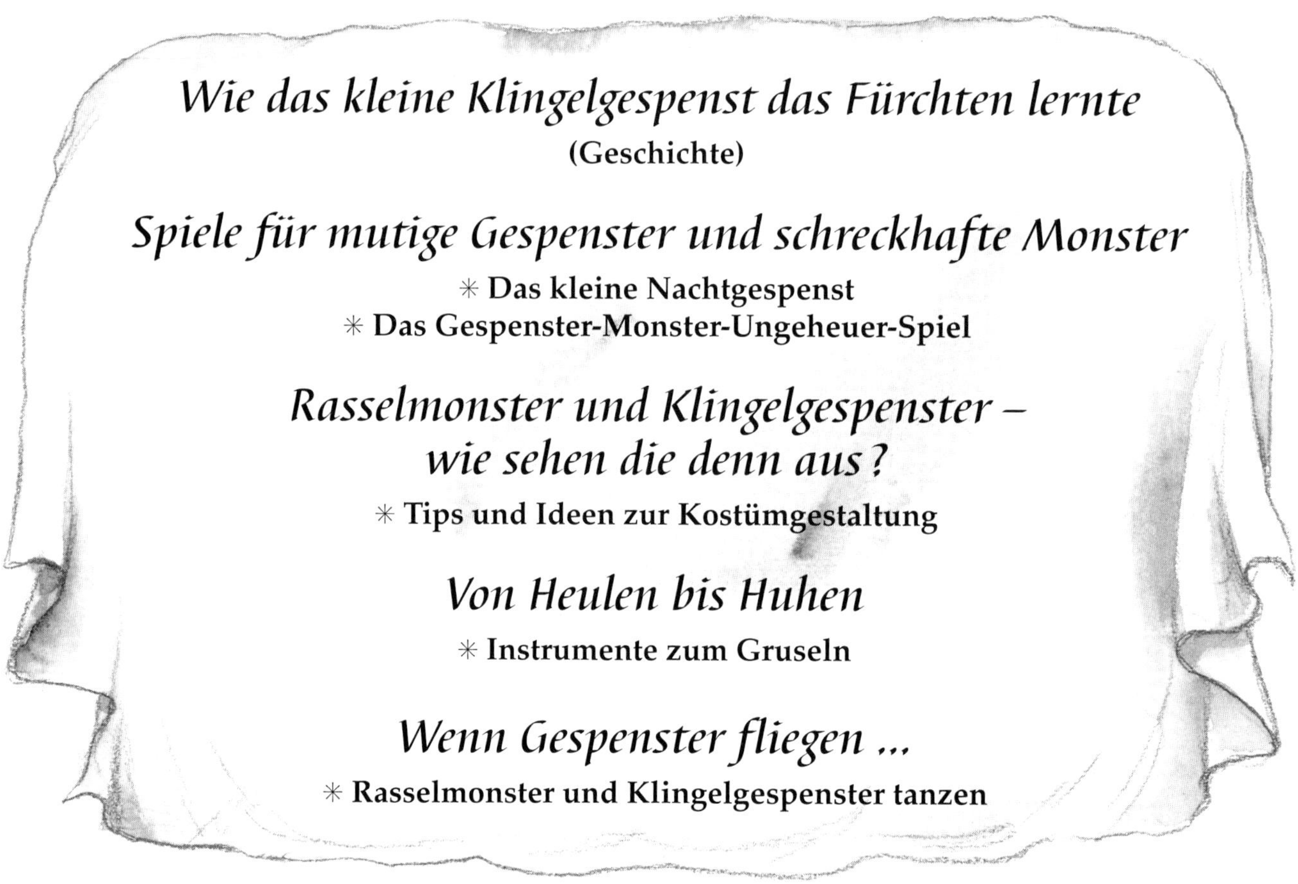

Wie das kleine Klingelgespenst das Fürchten lernte

„Huh huhuu!" Lulu reckte und streckte sich genüßlich. Endlich war es wieder soweit. Die Turmuhr hatte soeben 24 Uhr geschlagen. – Geisterstunde!
Mit einem Satz sprang das kleine Klingelgespenst aus der Schublade der alten Kommode. Dort lebte es nun schon seit 113 Jahren. Hier war es eingezogen, nachdem die Möbelpacker alles aus dem alten Schloß abgeholt hatten, in dem Lulu vorher wohnte. Sogar die verstaubte, schon etwas nach Moder riechende Truhe hatten sie nicht vergessen. Da war Lulu nichts anderes übrig geblieben, als sich eine neue Bleibe zu suchen.
Doch hier auf Burg „Weißenstein" gefiel es dem kleinen Gespenst auch sehr gut.
Unten im Keller gleich hinter der siebten Türe links hatte es eine alte Schubladenkommode entdeckt. Die Kommode besaß genau neun Schubladen. Dort konnte es seine unzähligen Glöckchen, Heuler, Rasseln und Tröten verstecken, und es blieb immer noch ausreichend Platz für das kleine Gespenst, sich in der größten Schublade eine bequeme Schlafstelle herzurichten.
In dieser Nacht nun, als sich Lulu wie gewöhnlich für die Geisterstunde fertig machte, geschah etwas Sonderbares. Lulu kramte gerade seine Rasseln und Heuler hervor, die es in dieser Nacht zum Gruseln mitnehmen wollte, als oben in der Burg seltsame Geräusche ertönten.
„Nanu!" Lulu zuckte zusammen. „Das klingt aber schrecklich schaurig. Wer wagt es, mich so zu erschrecken? Da werde ich doch gleich einmal nachsehen", sagte das kleine Gespenst zu sich selbst. Denn ihr müßt wissen, Gespenster reden oft mit sich selbst, weil sie sehr einsam sind und niemanden haben, mit dem sie mal ein wenig plaudern könnten.
Lulu flog die Kellertreppe hinauf und gelangte in die große Eingangshalle. Suchend blickte es sich um.
Die Geräusche mußten oben aus dem Turm kommen. Als das Gespenst jedoch im Turm angelangt war, hörte es Geräusche unten im Rittersaal.
Diesmal klangen sie noch gruseliger und schauriger. Das Gespenst fegte die Treppe hinunter.
Plötzlich tauchte am Treppenabsatz ein fürchterliches Wesen auf.
Vor Schreck sprang das kleine Gespenst auf den Kronleuchter. Aber das komische Wesen schien sich ebenfalls mächtig erschreckt zu haben, denn es verschwand mit einem Satz auf dem großen Eichenschrank.
'So etwas Häßliches und Unheimliches habe ich wirklich noch nie gesehen', dachte Lulu. Das sonderbare Wesen hatte einen schwarzen Umhang, aus dem ein riesiger, gelber Kopf ragte, der fast ein wenig einem Kürbis ähnelte. Aber das Merkwürdigste waren seine leuchtend grünen Augen.
'Eigentlich sieht es gar nicht so schrecklich aus. Eher lustig,' dachte das kleine Gespenst.
Vorsichtig wagte es sich vom Kronleuchter herunter.
„Wer bist denn du?" traute Lulu sich endlich zu fragen.
„Ich bin Hugo, das Rasselmonster, und wie heißt du?"
„Mein Name ist Lulu, und ich wohne hier", antwortete das kleine Gespenst frech.
Schließlich war das sein Revier, und da hatte so ein Rasselmonster gar nichts zu suchen. Das wollte Lulu gleich zu Anfang klarstellen.
„Aber ich wohne doch auch hier. Dort oben auf dem Dachboden in einem alten Wäschekorb", entgegnete Hugo.

„Komisch, daß ich dich noch nie hier gesehen habe. Schließlich lebe ich schon seit 113 Jahren auf der Burg. Du mußt wohl erst kürzlich eingezogen sein, und deshalb ist das mein Revier!“ Lulu baute sich herausfordernd vor dem Rasselmonster auf.
Doch Hugo bemerkte das überhaupt nicht. Und es schien ihm gleichgültig zu sein, wessen Revier dies nun sei.
Stattdessen nahm er bewundernd Lulus größten Heuler und blies kräftig hinein. Sogleich drang ein gewaltiger Heulton durch die ganze Burg.
„Wahnsinn!“ Hugo war tief beeindruckt. „So einen tollen Heuler habe ich wirklich noch nie gesehen!“
Da war das Eis zwischen den beiden gebrochen. Denn auch Lulu hatte schon längst Hugos Riesenrassel gesehen, die dieser an einem Gürtel um sein Gewand trug. Zu gerne wollte das kleine Gespenst sie einmal ausprobieren.
Und so kam es, daß die beiden ein riesiges Rassel-Heul-Tröt-Klingel-Konzert veranstalteten und dabei natürlich den größten Spaß hatten.
„Ich bin doch ein Trottel“, sagte Hugo schließlich, als es schon längst Zeit war, sich wieder schlafen zu legen. „Wieso?“ fragte Lulu überrascht.
„Na ja, weil ich schon seit vielen Jahren auf der Burg Weißenstein lebe“, erzählte das Rasselmonster. „Aber ich bin ein Langschläfer, und deshalb habe ich die Geisterstunde in den letzten Jahren immer verschlafen. Nur heute nacht bin ich zum ersten Mal rechtzeitig aufgewacht.“
„So ein Glück!“ Lulu fiel Hugo aufgeregt um den Hals. „Sonst hätten wir uns wohl nie kennengelernt.“
Von nun an verabredeten die beiden sich für jede Nacht, und keines von ihnen brauchte sich seit diesem Tage mehr einsam zu fühlen. Ist das nicht ein Glück?
Aber ob die Bewohner von Burg Weißenstein das wohl auch finden?

Spiele für mutige Gespenster und schreckhafte Monster

Das kleine Nachtgespenst

Ein Fingerspiel

Material: ein kleines, weißes Tuch

In einem alten Haus	*Haus mit den Händen bilden*
Kommt ein Gespenst zur Nacht heraus	*Ein kleines Tuch wird über den Zeigefinger gestülpt*
Es fliegt die Treppe runter	*Mit dem Gespenst den ausgestreckten Arm hinunterfliegen*
Da wird es wieder munter	
Es fliegt die Treppe rauf	*Mit dem Gespenst den Arm hinauffliegen*
Da geht ihm fast die Puste aus	
Es kriecht durch jedes Schlüsselloch	*Daumen und Zeigefinger der 2. Hand werden zusammengeführt, so daß ein Loch entsteht. Das Gespenst fliegt dort hindurch und fliegt weg.*
Paß gut auf, dann siehst du's noch.	

Das Gespenster-Monster-Ungeheuer-Spiel

Die Kinder stellen sich paarweise Rücken an Rücken auf. Ein Kind spielt das Gespenst, ein Kind das Monster. Die beiden wollen sich gegenseitig ihre Künste vorführen und voneinander lernen. Dabei ruft die Spielleitung jeweils „Gespenster!“ oder „Monster!“ laut aus.
Schnell muß sich das jeweils aufgeforderte Kind eine schaurige Grimasse ausdenken, sich um-drehen und sie seinem Gegenüber zeigen. Der Partner dreht sich ebenfalls schnell um, sieht die Grimasse und ahmt sie sofort nach.
Dann drehen sich die beiden wieder den Rücken zu, bis die Spielleitung mit einem neuen Aufruf die 2. Spielrunde einleitet.

Variante: Haben die Kinder etwas Übung im Grimassenschneiden, können nun auch Bewegungen und Geräusche hinzugefügt werden.

Rasselmonster und Klingelgespenster – wie sehen die denn aus?

Tips und Ideen zur Kostümgestaltung

Klingelgespenster

Material: pro Kind ein altes, weißes Bettuch, Scheren, schwarzer Filzstift, Kordel, Glöckchen, Nadel, Faden

Klingelgespenster tragen ein weißes Gewand und haben viele Glöckchen daran. Um sich als Klingelgespenst zu verkleiden, braucht man also zunächst einmal ein altes, weißes Bettuch. Man wirft es sich über den Kopf, so daß es zu allen Seiten gleichmäßig herunterfällt. Nun muß ein Erwachsener von außen mit einem Filzstift anzeichnen, wo die Augen hin sollen. Denn schließlich wollen die kleinen Gespenster ja auch etwas sehen.
An den markierten Stellen schneidet man zwei kleine, runde Öffnungen für die Augen hinein. Damit das Kostüm später beim Gespenstertanz nicht herunterfällt, sollte man es in den Hüften noch mit einer weißen Kordel zusammenhalten.
Ein richtiges Klingelgespenst hat natürlich noch an verschiedenen Stellen des Kostüms kleine und größere Glöckchen. Hier muß ein Erwachsener beim Annähen behilflich sein. (Glöckchen kann man in jedem Bastelgeschäft kaufen).

Rasselmonster

Material: pro Kind ein schwarzes Tuch, Kordel, evtl. gelbes Kopftuch, Schminke, evtl. Leuchtschminke

Hugo, das Rasselmonster aus unserer Geschichte, hat einen schwarzen Umhang. Man braucht also ein etwas größeres, schwarzes, rechteckiges Tuch. Wenn man das Tuch um die Schultern legt, sollte es bis zum Boden reichen.
Nun muß ein Erwachsener eine Längsseite des Stoffes einmal mit der Nähmaschine umnähen. Dann zieht man hier ein ausreichend langes Band oder eine Kordel hindurch. Man legt den Umhang wieder um die Schultern und bindet die beiden Kordelenden am Hals zusammen.
Wenn man jetzt noch einen gelben Kopf wie Hugo haben will, bindet man einfach ein gelbes Kopftuch um und schminkt sich anschließend einen grünen Rand um die Augen.
Natürlich gibt es auch andere Rasselmonster, z. B. mit ganz bunten Gesichtern, das weiß doch jeder Mensch!

Tip: Besonders schön für das Gespensterspiel im dunkeln ist es, sich das Gesicht mit Leuchtschminke anzumalen. Wenn man eine Schwarzlichtbirne in die Lampenfassung schraubt und den Raum etwas abdunkelt, leuchtet die Schminke in den herrlichsten Farben. Das sieht ganz gruselig aus! (Die Schminke ist sehr hautverträglich).
Bezugsquelle: siehe Anhang

Von Heulen bis Huhen

Instrumente zum Gruseln

Rasseln für kleine Rasselmonster

Rasselmonster tragen meist einige selbstgebastelte Rasseln bei sich. Hier zwei einfache Bastelanleitungen für Rasseln:

Material: Teedosen, Kaffeedosen, Klebefolie in verschiedenen Farben, leere Plastikflaschen, Füllmaterial wie kleine Steine, Sand, Kronkorken, Erbsen, Linsen o.ä.

Rasseln aus Plastikflaschen: Für diese Rasseln kann man leere Flaschen von Haarshampoo, Ge-schirrspülmittel, Weichspülern u.a. verwenden. Die Flaschen werden zunächst gründlich ausgespült und getrocknet. Dann füllt man die Flaschen mit unterschiedlichsten Materialien (siehe Material).
So hat jede Rassel ihren eigenen Klang. Zum Schluß werden die Flaschen wieder verschlossen. Jetzt können die Rasseln noch mit Klebefolie bunt beklebt werden.
Dosenrasseln: Man kann auch Dosen mit verschiedensten Materialien füllen und zum Schluß bunt bekleben. Sie haben einen etwas dumpferen Klang.

Wenn Gespenster fliegen ...

Rasselmonster und Klingelgespenster tanzen

Die Kinder und die Spielleitung haben sich für diesen Tanz als Rasselmonster und Klingelgespenster verkleidet (siehe Kostümgestaltung).
Die Spielleitung liegt in der Mitte des Raumes schlafend auf dem Boden. Die Kinder verstecken sich am Rand des Raumes und legen sich auch schlafend nieder.

Einleitung:
Während der Einleitung liegen alle Gespenster schlafend auf dem Boden. Es ertönt ein lautes Lachen – Geisterstunde!

Teil A (instrumental):
Die Spielleitung in der Mitte erhebt sich, schwebt zu den einzelnen Kindern und weckt sie durch leichtes Antippen. Ist die Tanzgruppe zu groß, so kann die Spielleitung die Kinder auch von der Mitte aus durch eine laute Rassel wecken.
Die Gespenster fliegen zur Mitte. Dabei wispern, kichern und flüstern sie leise vor sich hin.
Der 1. Musikteil endet mit Türknarren und -zuschlagen.

Teil B (Gesang):
Die Gespenster fliegen mit ausgebreiteten Armen heulend durch den Raum.

Wiederholung Teil A:
Die Gespenster treffen sich wieder in der Mitte. Nun wispert die Spielleitung ihnen einen Impuls zu:

✳ gleich kreischen wir alle ganz laut
✳ gleich stampfen wir
✳ jetzt fliegen wir aufeinander zu und weichen im letzten Moment aus
✳ wir sausen ganz schnell durcheinander.

Wiederholung Teil B:
Setzt der Gesang ein, führen alle den zuvor genannten Impuls aus, bis sie beim erneuten Tusch wieder zur Mitte zusammenkommen und einen anderen Impuls zugeflüstert bekommen.
Die Tanzmusik hat drei Durchgänge.

Liedtext

1. Wenn Gespenster fliegen,
gibt's nichts zu verbiegen,
es stört sie keine Wand, kein Schloß,
sie fliegen durch das ganze Haus.
Wenn Gespenster fliegen, ...

2. Wenn Gespenster heulen,
verdrücken sich die Eulen,
bei dem Getöse und Gezeter,
denkt der Fuchs: Oh, ich komm später.
Wenn Gespenster heulen, ...

3. Wenn Gespenster tanzen,
flüchten auch die Wanzen,
vor Gerassel und Geklingel,
fürchtet sich so mancher Schlingel.
Wenn Gespenster tanzen, ...

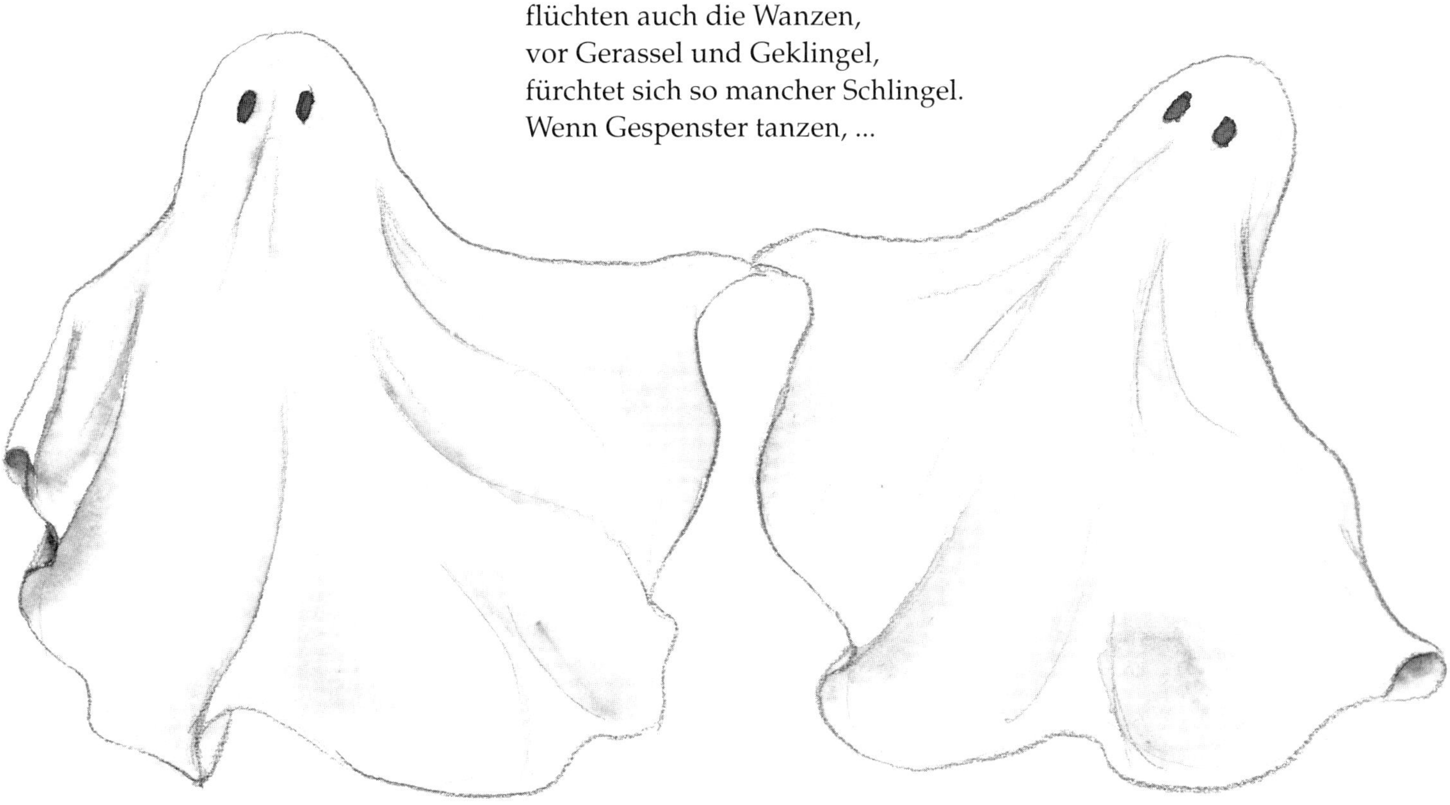

Endstation Steinzeit!

Schon die kleinsten Kinder bewegen sich wie selbstverständlich in unserer hochtechnisierten Welt. Ein Telefon ist ebenso normal wie der Fernseher, der Computer, das Auto oder der Videorecorder. Daß unsere Welt und das Leben der Menschen einmal ganz anders ausgesehen hat, ist besonders für jüngere Kinder nur schwer vorstellbar. Trotzdem haben wir uns mutig an das Thema „Steinzeit“ herangewagt.

Dabei ging es uns weniger darum, Kindern besonders viel Wissen über diese Zeit zu vermitteln. Wir haben uns darauf beschränkt, einige Dinge, von denen wir meinen, daß sie auch für Kindergarten- und Grundschulkinder interessant sein könnten, herauszusuchen und ihnen diese in spielerischer, gestalterischer und tänzerischer Form näherzubringen. Auch die Geschichte ist deshalb eine Spielgeschichte, wie sie Kinder vielleicht in ihrem Kinderzimmer spielen würden. Aus dem Leben der Steinzeitmenschen haben wir folgende Punkte aufgegriffen: *das Wohnen in Höhlen – die Kleidung – das Herumziehen auf der Suche nach Nahrung – die Körperhaltung und Sprache.*

Diese vier Bereiche geben keinen Gesamteindruck von der Steinzeit, sie bieten aber einen ersten Einblick und sind für jüngere Kinder leicht nachvollziehbar. In Spiel und Tanz werden sie zu einem echten Erlebnis.

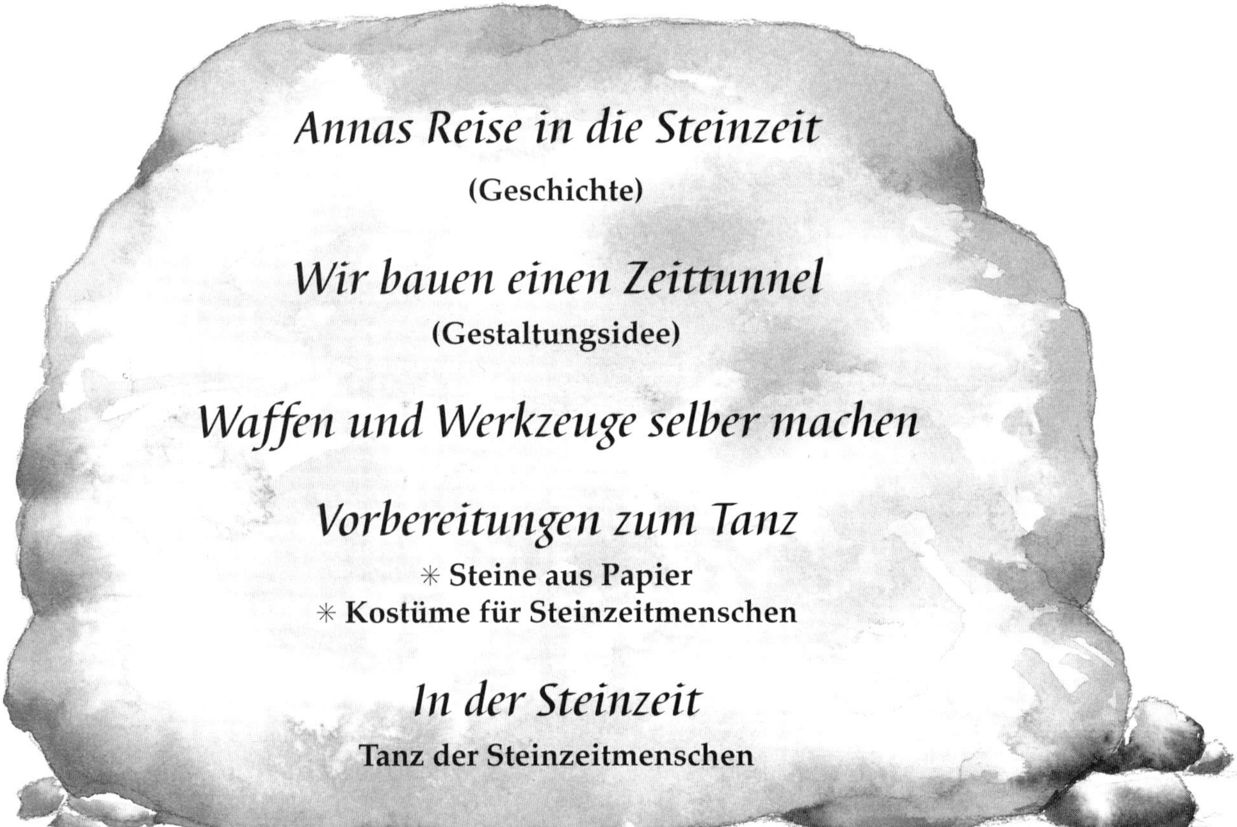

Annas Reise in die Steinzeit

Draußen regnet es schon den ganzen Tag. Anna steht am Fenster und schaut hinaus.
„Es hat fast aufgehört zu regnen", behauptet sie. Dabei ist der Himmel noch immer ganz grau, und die Regentropfen laufen an der Fensterscheibe hinunter.
„Darf ich nicht doch raus, Mama?"
„Nein, du kannst ja in deinem Zimmer spielen. Du hast doch so viele Spielsachen", antwortet Mama und geht aus dem Zimmer.
Anna langweilt sich. Was soll sie denn allein hier spielen? Lustlos setzt sie sich auf die Bettkante und schaut sich um.
'Ich könnte ja auf Entdeckungsreise gehen', denkt Anna.
„Na klar, das mache ich auch!" ruft sie und springt auf. Aus der Ecke unter dem Maltisch zerrt sie ihren Rucksack hervor.
'Also, als erstes braucht man natürlich ein Fernrohr', denkt Anna. Sie holt eine lange Küchenrolle aus der Bastelkiste und verstaut sie im Rucksack. Dann werden noch ein warmer Pullover, zwei Äpfel, eine Trinkflasche und das kleine Portemonnaie mit den Murmeln eingepackt. Ihren kleinen Kuscheldrachen „Leo" nimmt sie auf den Arm. Er darf auch mit auf Entdeckungsreise gehen.
Sie schreibt noch schnell einen Brief für ihre Mama:

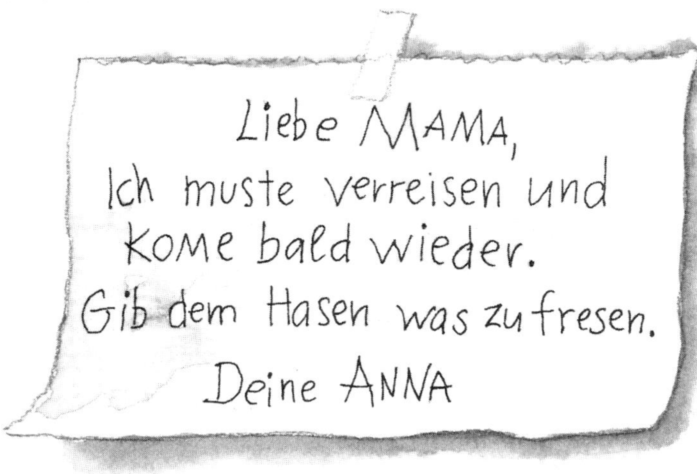

Den Brief klebt sie an die Zimmertür, damit Mama ihn gleich sieht.
So, jetzt kann es losgehen. Anna schnallt sich den Rucksack auf den Rücken und krabbelt in den Kriechtunnel. Oh, wie duster es dort ist!
„Jetzt sind wir im Zeittunnel", flüstert sie dem kleinen Drachen zu. „Weißt du, was ein Zeittunnel ist, Leo?"
Natürlich weiß Leo das nicht. Er ist ja noch sehr klein. Anna erklärt ihm, daß man mit einem Zeittunnel in eine andere Zeit reisen kann. Das hat sie mal im Fernsehen gesehen.
„In die Steinzeit, verstehst du Leo?" Aber Leo kuschelt sich nur genüßlich in Annas Arm.
„Da vorne ist schon die Steinzeit!" ruft Anna. Am Ende des Zeittunnels kann sie das Licht sehen. Vorsichtig kriecht Anna ans Ende und blickt hinaus.
Oh, hier sieht ja alles ganz anders aus! Hohe Berge ragen empor, und dort hinten hocken ein paar fast nackte Menschen hinter einem Felsen. Anna schleicht sich zu ihnen heran. Die Menschen haben lange Haare und tragen Felle statt Kleidern. Sie halten komische Keulen aus Holz in den Händen.

'Ah, sie verstecken sich bestimmt gerade vor einem Säbelzahntiger', denkt Anna. Von Säbelzahntigern hatte Annas Mutter einmal erzählt.
Und wirklich, dort hinten hockt der Tiger. Aber er hat sie noch nicht bemerkt. Anna versteckt sich auch schnell hinter einem Felsen. Endlich rennt der Tiger weg.
Dann entdecken die Steinzeitmenschen Anna und winken ihr zu. Gemeinsam setzen sich alle auf den Boden. Die Steinzeitmenschen finden, daß Anna ein bißchen sonderbar aussieht.
'Aber ihr ja auch', denkt Anna.
Anna muß ihnen die Sachen aus ihrem Rucksack zeigen. Natürlich haben sie noch nie ein Fernrohr gesehen, und von ihren Murmeln sind sie ganz begeistert.
Nach der gefährlichen Begegnung mit dem Säbelzahntiger ist Anna hungrig. Sie holt die Äpfel aus dem Rucksack.
Nein, einen Apfel wollen die Steinzeitmenschen nicht. Sie essen lieber Fleisch und Beeren.
Na gut, dann ißt Anna die Äpfel eben allein. Auch Leo darf einmal abbeißen.
Langsam wird es draußen sehr kalt. Anna zieht ihren Pullover über, aber sie friert immer noch.
Ein Fell ist doch ganz gut. Die Steinzeitmenschen kriechen in eine große Höhle. Dort liegen viele Felle auf dem Boden. Sie legen sich eng aneinander auf den Boden und decken sich mit den Tierfellen zu.
Anna überlegt. Nein, schlafen will sie nicht in der Höhle. Und vielleicht kommt ja auch der Säbelzahntiger wieder. Außerdem macht Mama sich bestimmt schon Sorgen.
Als die Steinzeitmenschen eingeschlafen sind, kriecht Anna zurück in den Zeittunnel.
Leo ist auch froh, daß sie endlich wieder nach Hause reisen. Es dauert sehr lange, bis man aus der Steinzeit wieder zu Hause ist. Als Anna wieder das Licht am Ende des Tunnels erblickt, schaut Mamas Kopf hinein.
„Hallo Anna. Bist du verreist?"
„Ja, ich habe den Säbelzahntiger und meine Freunde, die Steinzeitmenschen, besucht", sagt Anna und springt glücklich in Mamas Arme.
„Ach so", sagt Mama. „Na, dann ist ja gut."

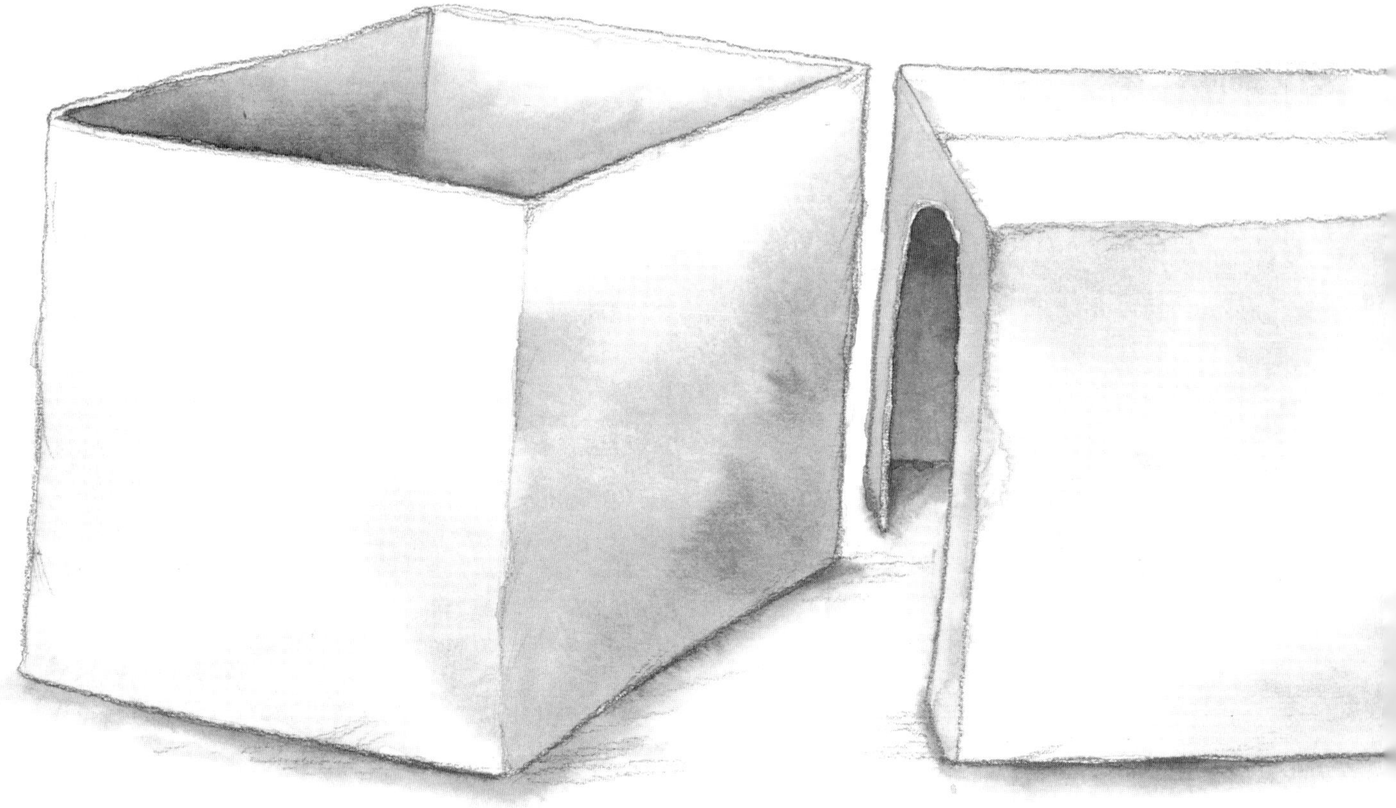

Wir bauen einen Zeittunnel

Material: viele große Pappkartons, Teppichmesser (Vorsicht bei kleineren Kindern!), Klebeband, Fingerfarben

Aus vielen großen Pappkartons basteln die Kinder gemeinsam einen Zeittunnel. Solche Pappkartons kann man in Lebensmittelgeschäften sammeln.
Aus den einzelnen Pappkartons werden zunächst die Deckel herausgeschnitten. (siehe 1. Skizze)
Dann stellt man die Kartons mit der offenen Seite auf den Boden. Nun müssen die Kartons noch miteinander verbunden werden, damit ein langer Tunnel entsteht. Dazu wird mit dem Teppichmesser aus den zwei gegenüberliegenden Seitenwänden jeweils ein Halbbogen ausgeschnitten. (siehe 2. Skizze) Die Seiten sollten nicht ganz herausgeschnitten werden, damit der Tunnel nicht an Stabilität verliert.
Anschließend werden die Kartons hintereinander gestellt und mit Klebeband oder einem anderen guten Kleber miteinander verbunden.
In die anderen beiden Seitenwände der jeweiligen Kartons können noch kleine, hochklappbare Fenster eingeritzt werden (siehe 3. Skizze). Dies ist besonders für kleinere Kinder wichtig, damit es nicht zu dunkel und unheimlich im Zeittunnel ist. Zum Schluß wird der Tunnel mit Fingerfarben bunt bemalt.
Die Reise mit dem Zeittunnel kann beginnen. – „Alle einsteigen!"
Die Spielleitung kann im gemeinsamen Spiel mit dem Zeittunnel die Reise noch ein wenig ausschmücken: Der Zeittunnel strauchelt und wirbelt die Kinder hin und her. Alle blicken durch die Gucklöcher und landen vielleicht auch einmal im Mittelalter. Unterwegs nehmen die Kinder einen kleinen Zaubertrank zur Stärkung zu sich.
Der Phantasie sind hier keine Grenzen gesetzt. Der Zeittunnel eignet sich auch gut als dauerndes Element im Kindergarten.

Waffen und Werkzeuge selber machen

Material: Toilettenrollen, Küchenrollen, Klebeband

Aus Papier, Toilettenrollen und Küchenrollen sowie etwas Klebeband lassen sich prima Waffen und Werkzeuge für die Steinzeitmenschen anfertigen.
Die folgenden Skizzen geben hierzu einige Anregungen:

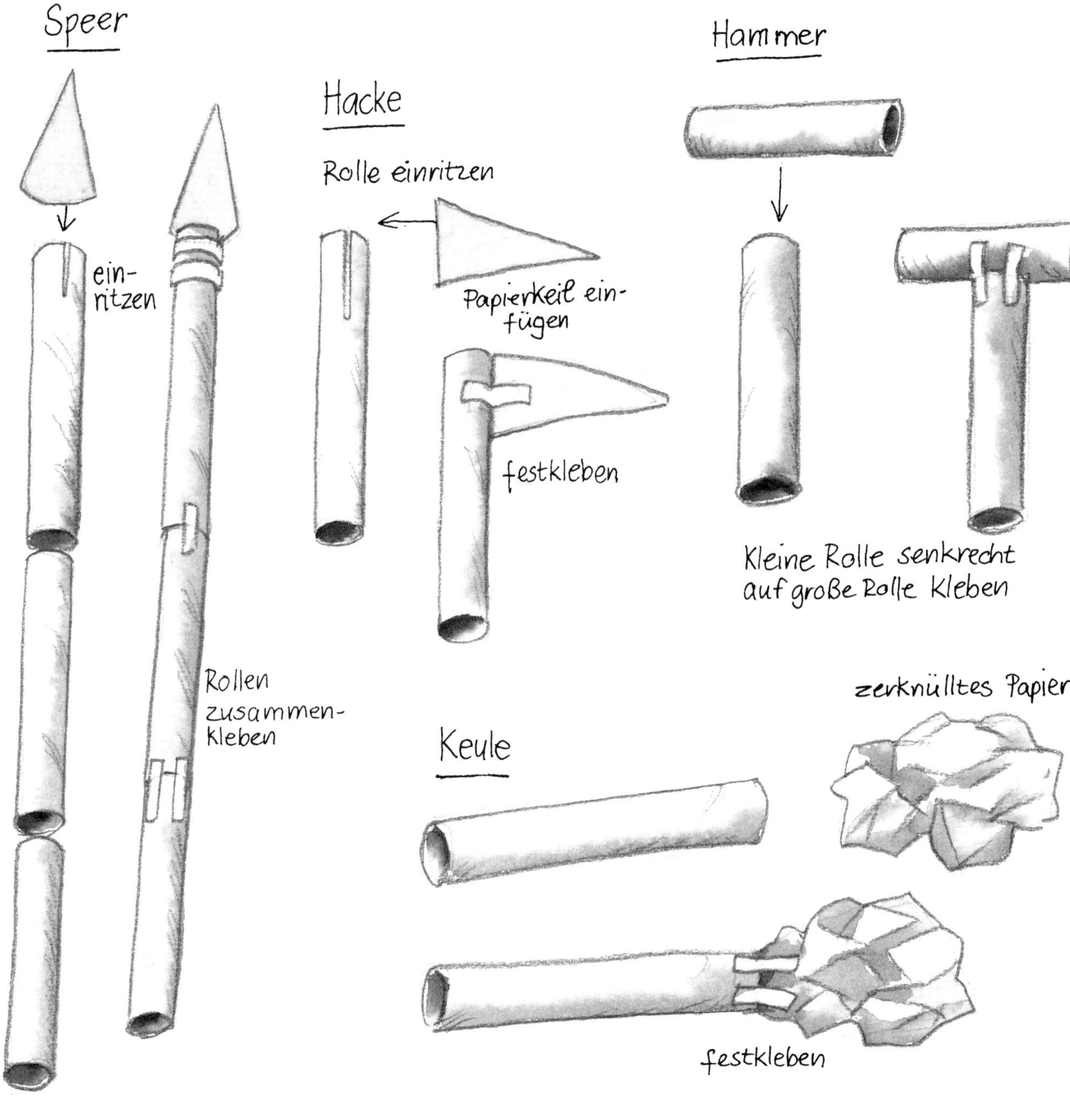

Diese gebastelten Materialien kann man hinterher in das Spiel mit dem Zeittunnel einbauen.

Vorbereitungen zum Tanz

Steine aus Papier

Material: viele alte Zeitungen, Packband

Zeitungen werden fest zusammengeknüllt, so daß dicke, feste Bälle entstehen. Anschließend werden sie mit Packband oder anderem Klebeband umwickelt. Schon sind die Steine fertig. Besonders schön läßt sich hierzu auch statt Zeitungen Packpapier verwenden. Dann sehen die Steine noch echter aus.

Kostüme für Steinzeitmenschen

Material: viele, alte Leder- oder Fellreste, alte Kleidungsstücke, die man ausfransen darf; eine Lochzange, Scheren, Nadel und Faden

Die Steinzeitmenschen haben sich aus Tierhäuten und Tierfellen warme Kleidung angefertigt, die sie vor der Kälte schützte.
In Lederfabriken bekommt man Lederreste geschenkt. Aus diesen Resten können ganz leicht Kostüme für die Steinzeitmenschen hergestellt werden.
Auch Fellreste eignen sich sehr gut. Falls weder Leder- noch Fellreste vorhanden sind, kann man auch aus alten Stoffresten ausgefranste Kleidungsstücke herstellen. Die Füße hatten die Steinzeitmenschen übrigens ebenfalls in Fell oder Leder eingepackt.
Die folgenden Abbildungen geben einige Anregungen für mögliche Kostüme:

In der Steinzeit

Tanz der Steinzeitmenschen

In der Steinzeit waren die Menschen noch nicht seßhaft, d.h. sie sind auf der Suche nach Nahrung immer weitergezogen. Werkzeuge und Waffen haben sie vor allem aus Steinen angefertigt. Deshalb nennt man diese Zeit auch die Steinzeit.
Ihre Sprache war noch nicht sehr weit entwickelt. Sie verständigten sich mit Lauten, Gesten und Mimik. Auch liefen sie noch nicht so aufrecht wie wir heute. Ihr Gang war leicht gebückt.
All diese Dinge wollen wir im Tanz der Steinzeitmenschen darstellen.

Tanzbeschreibung
Für den Tanz sollten die Kinder und die Spielleitung möglichst verkleidet sein (siehe Tanzvorbereitung). Außerdem sind viele Steine aus Papier nötig. Diese Steine werden im Raum auf dem Boden verteilt.
Die Steinzeitmenschen tanzen in einer langen Schlange oder einem Pulk. Sie tanzen in leicht ge-bückter Haltung kreuz und quer durch den Raum auf der Suche nach Nahrung. Dabei können sie sich auch mit Lauten und starker Gestik verständigen. Die Gangart, ebenso wie Sprache und Gestik, sollte zu Beginn gemeinsam mit der Spielleitung eingeübt werden.

Teil A:
Die Steinzeitmenschen laufen im Pulk durch den Raum und sammeln Steine auf. Sie stoßen dabei Laute aus und stampfen fest auf den Boden.

Teil B:
Der zweite Musikteil beginnt mit einer Jagdfanfare. Jetzt schleudern die Tänzer ihre Steine weg, sie jagen ein Tier. – Die Steinzeitmenschen haben ein Tier erlegt.
In diesem schnelleren Musikteil wird die Jagd gefeiert. Dazu suchen sich alle Steinzeitmenschen schnell einen Stein, stemmen ihn mit beiden Armen in die Luft und tanzen mit dem hoch erhobenen Stein, jeder für sich, kreuz und quer durch den Raum.
Am Ende dieses Musikteils sammeln sie sich wieder zum Pulk und legen die Steine auf den Boden. Sie müssen weiterziehen und sich wieder auf die Suche nach Nahrung begeben.

Wiederholung Teil A und B

Die Musik endet mit Teil A.

Vom Ärgern, Schimpfen und Streiten

Ärger und Streit gehören zum Kinderalltag wie Essen und Trinken. Nur wird das daraus resultierende Verhalten der Kinder von den Erwachsenen kaum gebilligt. Und doch hat jeder Mensch sich mit seinen sogenannten negativen Gefühlen auseinanderzusetzen, und wenn es in ihm tobt, muß das irgendwie zum Ausdruck gebracht werden.

Durch Ausdrucks- und Bewegungsspiele ergeben sich für Kinder vielerlei Gelegenheiten, auch einmal auf humorvolle Art und Weise Ärger zum Ausdruck zu bringen: z. B. andere beschimpfen, ohne sie dabei zu „verletzen“ oder nach festen Regeln fair zu kämpfen und zu streiten. Warum also nicht auch beim Tanzen streiten? Und zwar ohne Berührung, aber mit viel Ausdruck. So wie alte Völker sich durch Tänze auf den Kampf vorbereitet haben, wird hier ein Streittanz für Kinder angeboten, um ein Stück Alltagswelt im Spiel und Tanz zu bearbeiten.

Dieses Thema wird die meisten Kinder erst ab etwa 5 Jahren stärker ansprechen. Erst dann be-ginnen sie auch, sich durch Mimik, Gestik und Zeichensprache vielfältiger auszudrücken. Ebenso können jedoch Spiele wie „Stummes Streiten“ oder die „Knatsch- und Lachgesichter“ auch in altersgemischten Gruppen mit jüngeren Kindern probiert werden.

Am Samstag wird gezankt

(Geschichte)

Spiele für Streithähne und Zankzwerge

✳ Fingerspiel
✳ Weiterschimpfen
✳ Knatsch- und Lachgesichter
✳ Stummes Streiten

Tanz der Raufbolde und Kratzbürsten

Am Samstag wird gezankt

Die Geschwister Nina und Bastian stehen am Samstag schon immer um sechs Uhr morgens auf, obwohl sie eigentlich noch lange schlafen könnten. Sie müssen nicht in den Kindergarten, sie müssen nicht zur Schule oder sonstwo hin.
Aber sie stehen so früh auf, damit sie genug Zeit zum Streiten und Zanken haben. Zanken ist ihre liebste Beschäftigung. Am frühen Morgen streiten die beiden immer mit Wörtern. Ihre Körper fühlen sich noch etwas müde und schlapp an, aber ihre Münder können sich schon heftig zanken:
„Guck mich nicht so blöde an!"
„Mach doch deine Augen zu, du Nasenbohrer!"
„Sei ruhig, ich will noch schlafen!"
„Ha, ha, warum hast du mich denn geweckt mit deinem Heulgesang?"
„Ruhe hier, du Dusseltier!"
„Raus hier, du Stinkkäse!"
„Geh du doch raus, du Elefantenfuß!"
„Pa, ich geh' doch nicht aus meinem Zimmer raus!"
Und so wechselt ein Wort das andere; es wird unmöglich, zu unterscheiden, wer von den beiden gerade schimpft. Sie geben sich viel Mühe dabei, immer ein wenig lauter als der andere zu schreien. Nach einiger Zeit haben sie es geschafft: Der Vater schaut verschlafen und erschrocken zur Tür herein: „Wieso um alles in der Welt streitet ihr euch am frühen Samstagmorgen? Jetzt habt ihr mich geweckt! Und wir haben doch heute alle frei und müssen nicht früh aufstehen! – Was ist los? Warum zankt Ihr euch?"
Nina und Bastian waren sofort still, als die Tür geöffnet wurde. Bei der Frage des Vaters sehen sie sich an, als hätten sie ein Fragezeichen im Gesicht, so ratlos sehen sie aus. Plötzlich beginnen sie zu prusten, sich die Bäuche zu halten und laut zu lachen. Aber eine Antwort haben sie nicht.
Etwa zur Mittagszeit, kurz vor dem Mittagessen, streiten Nina und Bastian sich zum zweiten Mal. Jetzt geht es allerdings anders zu. Wenn wir uns einen Mixer mit drei Stufen vorstellen, schalten Nina und Bastian bei ihrem Mittagszank auf Stufe 2, und das geht so:
Bastian rennt ins Kinderzimmer und stolpert über seinen Stoffelefanten. Nina lacht ihn aus.
Bastian tritt Nina gegen die Beine.
Nina schreit und drückt dem Bastian seine Kappe ins Gesicht.
Bastian pufft Nina mit der Faust in die Seite.
Nina schubst Bastian, so daß er noch einmal über seinen Stoffelefanten fällt.
Bastian schreit laut und stürzt sich mit erhobenen Fäusten auf Nina, die läßt sich auf ihr Bett fallen und trampelt heftig mit ihren Beinen.
Obwohl die Beine ihn treffen, wirft sich Bastian auf Nina und trommelt mit seinen Fäusten auf sie ein. Beide schreien sehr laut dabei. Ein Knäuel wälzt sich auf dem Bett herum. Es wird gezwickt, geboxt, gedrückt und gehauen.
Da kommt Ninas und Bastians Mutter ins Zimmer gestürmt: „Was ist denn hier los?", ruft sie erschrocken. Sofort springen Nina und Bastian auseinander, zeigen gegenseitig auf sich und schreien gleichzeitig: „Die/der hat angefangen!" Auf die Frage ihrer Mutter „Worum geht es denn eigentlich?" blicken sie sich fragend und ratlos an. Und wieder beginnen sie prustend zu lachen: „Das haben wir vergessen!"
Am Samstagabend schalten Nina und Bastian Stufe 3 ein. Man könnte auch sagen: Jetzt geht es richtig rund!

Nina hockt im Zimmer am Boden und baut an einem Haus aus Legosteinen. Bastian hat eine Papierschwalbe gefaltet und probiert sie aus. Immer und immer wieder läßt er sie durch das Zimmer fliegen, beobachtet ihren Flug und verändert noch ein wenig an der Falttechnik. Irgendwann landet die Schwalbe auf Ninas Legohaus.
Leicht verärgert stubst Nina das gefaltene Papier zur Seite.
Bastian stellt daraufhin fest: „Jetzt hast du sie verknittert! Sie fliegt nicht mehr so gut!" „Dann soll sie auch nicht auf meinem Haus landen. Hier ist doch kein Flugplatz!", brummt Nina.
Daraufhin tritt Bastian vor Ninas Legohaus: „Dann mach' ich eben einen Flugplatz!"
Mit grimmigem Gesicht nimmt sich Nina die Papierschwalbe, zerreißt sie langsam und läßt sie dann fallen. Voller Wut trampelt Bastian mit beiden Füßen auf dem Legohaus herum, das jetzt fast platt ist. Nina schnappt sich ein paar Legosteine und wirft sie nach Bastian.
Der geht hinter seinem Stuhl in Deckung, greift sich schnell ein paar Buntstifte und wirft nach Nina. Auch Nina hat sich hinter ihrem Stuhl versteckt, ein paar Bausteine zum Werfen in der Hand.
Hin und her fliegt das Spielzeug. Mal ist es ein Blechauto, mal ein Teddybär, auch ein Buch und eine Kassette fliegen durch die Luft.
Bis die Schlacht plötzlich mit einem lauten Knall zu Ende ist.
Der Knall ist ein heruntergefallener Blumentopf, der natürlich in viele Stücke zerbrochen ist.
Mutter und Vater stehen mit entsetztem Blick in der Tür. Sie sagen kein Wort.
Diesmal fangen Nina und Bastian nicht zu lachen an, sondern sie müssen beide weinen.
Die El-tern sagen sehr ernst: „Wir gehen jetzt eine Runde spazieren. Ihr bringt das Zimmer in Ordnung und geht dann sofort ins Bett!"
Nach etwa einer Stunde kommen die Eltern von ihrem Spaziergang zurück. Es ist ganz still in der Wohnung. Leise gehen sie in das Kinderzimmer und finden ein aufgeräumtes Zimmer vor. Bastian liegt nicht in seinem Bett. Sie schauen zu Ninas Bett herüber: Da liegen sie beide, Nina und Bastian, eng aneinandergekuschelt. Mutter und Vater sehen sich an und schmunzeln: „Gut, daß es keine Stufe 4 mehr gibt!"

Spiele für Streithähne und Zankzwerge

Fingerspiel

Nina ist sehr stolz	*mit dem Zeigefinger Nina zeigen*
auf ihr Haus aus Holz,	*mit beiden Händen ein Dach zeigen*
da schleicht sich an	*mit zwei Fingern einer Hand über den Tisch*
der Bastian,	*oder den Schoß laufen*
und rumpeldidatt	*auf den Tisch oder die*
ist alles platt!	*Oberschenkel klopfen*
Nina voller Ärger dann	*beide Zeigefinger hochhalten*
stürzt sich auf den Bastian,	*und einer bewegt sich krumm auf den anderen zu*
und beide rangeln, knuffen,	*die Zeigefinger bekämpfen sich*
raufen, bald sieht man nur noch	
einen Haufen.	
Dann kullern sie gar durch	*beide Hände ineinanderverwickelt*
den Dreck,	*auf dem Tisch oder Schoß hin- und herrollen*
doch plötzlich grinst der	*einen Zeigefinger hochhalten*
Bastian ganz keck,	
und schwuppdiwupp –	*den anderen Zeigefinger dazu*
ist auch Ninas Ärger weg!	*und mit beiden wackeln*

Weiterschimpfen

Schimpfen erleichtert manchmal. Schimpfen kann man mit sich selbst oder mit anderen. Wird man ausgeschimpft, gibt das ein unangenehmes Gefühl. Dieses Spiel erleichtert den Umgang mit Gefühlen beim Schimpfen.
Die Spielleitung sollte sich vorher ein paar lustige Schimpfwörter ausdenken.

Zum Beispiel: „Du steinefressendes Milchgebiß!"
„Du Stolperpantoffelplattfuß!"
„Du Knickerbollergrüngesicht!"

Die Spielgruppe steht im Kreis zusammen. Die Spielleitung beginnt mit einem der lustigen Schimpfwörter den rechten Nachbarn auszuschimpfen. Dieser schimpft das gleiche Wort nach rechts weiter, bis alle einmal rundherum geschimpft haben. Nun beginnt jemand anders mit einem neuen lustigen Schimpfwort nach rechts zu schimpfen.
Variante: Die Kinder tauschen sich darüber aus, wie Erwachsene immer mit ihnen schimpfen. Nach dem gleichen Muster spielen die Kinder nun Erwachsene: „Sei doch mal leise!", „Kannst du nicht stillsitzen?"

Knatsch- und Lachgesichter

Material: pro Kind zwei weiße, runde Pappteller, Fingerfarbe, Wollreste, Kreppapier, u. a.

Jedes Kind malt und dekoriert sich ein Knatschgesicht und ein Lachgesicht auf je einem Pappteller. Alle sitzen mit ihren Knatsch- und Lachgesichtern in den Händen im Stuhlkreis. Die Spielleitung beschreibt nun Situationen, worauf die Kinder mit einem Knatsch- oder mit einen Lachgesicht reagieren können.
Beispiel: „Stellt euch vor, es gibt heute zu Hause Erbsensuppe!"
Eine Glocke oder ein Gong sind das Zeichen für die Kinder, entweder ein knatschendes oder lachendes Gesicht zu zeigen. Sie halten ihren Teller dann für alle sichtbar hoch.

Weitere Ideen für die Spielleitung:

✳ Stellt euch vor, es ist acht Uhr und ihr müßt ins Bett!
✳ Stellt euch vor, eure beste Freundin/euer bester Freund kommt heute zu Besuch.
✳ Stellt euch vor, draußen regnet es in Strömen und alles ist voller Pfützen!
✳ Stellt euch vor, Ihr habt beim Memoryspiel verloren!
✳ Stellt euch vor, heute gibt es Spaghetti mit Tomatensauce!
✳ Stellt euch vor, eure Oma will Euch ein Küßchen geben!

Stummes Streiten

Material: ein Gong oder anderes Instrument

Alle überlegen vorab, welche Bewegungen der Körper beim Streiten oder Schimpfen macht und zeigen sie sich gegenseitig. Die Spielgruppe stellt sich in zwei Reihen gegenüber, alle haben einen Spielpartner. Die Spielleitung gibt bei jeder Runde an, womit stumm und ohne Berührung gestritten wird. Beim Gongschlag geht's los:

✳ mit den Händen
✳ mit den Ellenbogen
✳ mit den Füßen
✳ nur mit den Gesichtern
✳ mit den Beinen
✳ mit den Fingerspitzen

Wichtigste Spielregel dabei ist: Keiner berührt den Spielpartner!
Am Schluß des Spiels ist zur Erleichterung aller eine Runde Streiten mit Sprache fällig.

Tanz der Raufbolde und Kratzbürsten

Die Musik dieses Tanzes besteht aus zwei sich wiederholenden Teilen, einer Melodie (Teil A) und einer Percussionspause (Teil B). Je nach Gruppenzusammensetzung kann eine gebundene (Kreis) oder eine freie Tanzform gewählt werden.

1. Tanzvorschlag

Einleitung:
Die Musik hat ein Vorspiel von 8 Takten. Die Gruppe faßt zum Kreis.

Teil A:
Alle gehen 8 Takte nach rechts und 8 Takte nach links im Kreis herum. Währenddessen sollen sich die Kinder gegenseitig grimmige Fratzen zeigen.

Teil B:
Zum Schlagzeugteil streiten alle zur Mitte gewandt. Die Spielleitung ruft laut „Hände", und alle lassen ihre Hände heftig streiten (siehe Spiel „Stummes Streiten").
In den nächsten Runden ruft die Leitung jeweils laut, wie im Tanz gestritten wird: mit den Füßen, mit den Ellenbogen, mit dem Po, ganz laut, im Flüsterton, nur mit Zischlauten usw.

2. Tanzvorschlag

Einleitung:
Die Kinder stellen sich verteilt im Raum auf und denken sich eine Fratze aus.

Teil A:
Alle gehen kreuz und quer durch den Raum und werfen den Entgegenkommenden grimmige Fratzen zu.

Teil B:
Zum Schlagzeug sollten sich immer zwei Kinder finden und voreinander stehen bleiben.
Die Spielleitung gibt vor, wie ohne Berührungen gestritten wird (siehe 1. Tanzvorschlag).

Die Musik hat insgesamt fünf Durchgänge.

Uns wird's nie zu bunt!

Erlebniswelt „Farben"

Mit allen Sinnen lernen Kinder, die Welt zu begreifen. Besonders das Auge und das damit verbundene Gewahrwerden der Dinge spielt dabei eine wichtige Rolle. Jedes Teil in dieser Welt hat seine eigene Farbe, und jede Farbe wiederum wirkt auf uns Menschen unterschiedlich, sie löst Assoziationen aus (vgl. dazu: Eva Heller: „Wie Farben wirken" Rowohlt, Reinbek 1989).

Auch bei Kindern ist dies so. Nicht zuletzt deshalb ist der Umgang und das Experimentieren mit Farben, die Wirkung und Bedeutung der Farben ein wichtiges Thema in der Arbeit mit Kindern. Ob bei der Gestaltung der Kindergartenräume, dem freien Malen am Maltisch, der Kostümgestaltung für ein Fest oder der Auswahl des Spielzeugs, immer wieder taucht die Frage nach der Farbe und deren Wirkung auf. Aus diesem Grunde haben wir hier versucht, das Thema „Farben" tänzerisch aufzugreifen und den Charakter der Farben in einem Kindertanz zum Ausdruck zu bringen.

Spiele und Gestaltungsideen führen dabei ebenso wie die Geschichte „Lisa und die Farben" in einfacher Form in das Thema ein und geben Kindern einen Einblick in den Zauber einer bunten Farbenwelt.

Lisa und die Farben
(Geschichte)

Bunte Farbenspiele
✳ Frau Blau und Herr Gelb (ein Fingerspiel mit Farben)
✳ Farbenzauber mit Luftballons

Wie sieht eigentlich mein Zimmer in Blau aus?
Wir basteln bunte Farbhelme

Bunte Kostüme für Farbenkinder

Der Tanz der Farben

Lisa und die Farben

Es war der erste warme Frühlingstag. Jasper stand am Fenster und blickte hinaus in den Garten. Nanu, da lag ein fremdes Mädchen im Nachbargarten unter einem Baum!
„Mama, komm mal schnell!“ rief er aufgeregt. „Da ist ein neues Kind nebenan eingezogen.“
Mama kam ans Fenster und schaute hinaus.
„Na, dann geh doch auch raus und spiel ein bißchen mit ihr“, sagte sie.
Schon war Jasper im Flur, zog sich schnell Schuhe und Jacke an und rannte hinaus. Das Mädchen lag ausgestreckt auf der Wiese. Die Arme hatte sie im Nacken verschränkt. Ihre Augen waren ge-schlossen.
„Hallo!“ rief Jasper und stellte sich neben sie. Das Mädchen zuckte zusammen und richtete sich erschrocken auf.
„Hallo!“ sagte es jetzt und grinste.
„Ich heiße Jasper, und wie heißt du?“ plapperte Jasper drauflos.
„Lisa“, antwortete das Mädchen. „Wir sind gestern hier eingezogen. Wohnst du auch hier?“ fragte sie.
„Ja, ich wohne da vorne“, sagte Jasper und zeigte auf sein Haus.
„Ist das weit weg?“ fragte Lisa.
„Na, da vorne. Das siehst du doch“, antwortete er und zeigte noch einmal auf das Haus.
„Ich kann nicht sehen. Ich bin blind“, sagte Lisa und lächelte dabei. Erst jetzt bemerkte Jasper, daß ihre Augen ganz trübe waren und ihn anstarrten. Im ersten Moment wußte er gar nicht, was er sagen sollte. Mit einem blinden Kind hatte er noch nie gesprochen.
„Dann können wir ja überhaupt nicht zusammen spielen“, platzte es plötzlich aus ihm heraus.
„Na klar können wir das“, widersprach Lisa. „Ich kann zwar nichts sehen, aber ich fühle viele Dinge. Vielleicht sogar besser als du“, behauptete sie. „Du glaubst mir wohl nicht?“ Lisa legte sich wieder auf den Rücken und schloß die Augen.
„Siehst du die Sonne?“ fragte sie nun.
Jasper schaute nach oben zum Himmel. „Na klar sehe ich die Sonne“, antwortete er. „Und wie sieht sie aus?“ fragte Lisa weiter.
„Sie ist gelb, was denn sonst“, antwortete Jasper.
„Für mich ist sie schön warm und weich. Das gelb ist weich und kuschelig wie ein kleines Küken. Und es ist bestimmt ganz leuchtend und hell, denn es wärmt mich so schön im Gesicht und an den Händen“, erzählte Lisa. Jasper blickte sie erstaunt an und sah dann noch einmal hinauf zur Sonne.
„Ja, das stimmt!“ rief er überrascht. „Aber woher weißt du das? Du kannst doch gar nicht sehen?“
„Nein“, antwortete Lisa. „Ich kann die Sonne nicht sehen. Aber ich fühle sie.“
„Kannst du noch andere Farben fühlen?“, fragte Jasper neugierig.
„Nicht immer. Aber das Gras hier neben mir. Das fühle ich ganz doll.“ Lisa streichelte mit ihren Fingern vorsichtig über das Gras neben sich.
„Es ist dunkelgrün und satt. Denn es hat viel Wasser getrunken, weil es ja gestern geregnet hat. Jetzt scheint die Sonne, und es duftet ganz frisch und lebendig. Es wächst wieder und ist bestimmt auch glücklich, daß endlich der Frühling da ist.“ Jasper war begeistert. „Ich glaube, wir können doch toll zusammen spielen!“ rief er. „Und wenn du mal was nicht fühlst, dann erzähle ich es dir“, sagte er.
„Und wenn du mal was nicht fühlst, erzähle ich es dir“, antwortete Lisa und lachte glücklich.

Bunte Farbenspiele

Frau Blau und Herr Gelb

Ein Fingerspiel mit Farben

Material: Fingerfarbe in unterschiedlichen Farbtönen; ein kleines Gefäß mit Wasser

Die Spielleitung bemalt sich für dieses Spiel die Fingerspitzen der beiden Zeigefinger mit Fingerfarben, einen blau und einen gelb. Weitere Fingerfarben (Weiß, Rot, Orange, Schwarz etc.) ebenso wie eine kleine Schüssel mit Wasser stehen bereit.
Die Spielleitung spielt mit ihren beiden farbigen Fingern und erzählt dazu eine Geschichte:
„Guten Tag, ich bin Frau Blau!" *(Frau Blau verbeugt sich)*
Herr Gelb tritt auf. „Guten Tag, mein Name ist Herr Gelb." *(Herr Gelb verbeugt sich)*
„Frau Blau und Herr Gelb begegneten sich eines Tages auf der Straße." *(Die Spielleitung bewegt die beiden Finger aufeinander zu)*
„Sie verbeugten sich." *(Zeigefinger aufeinander zu beugen)* „Und küßten sich." *(Zeigefinger berühren sich)*
„Doch, oh Schreck, was war denn da passiert? *(Es ist Grün entstanden)* Sie schauten sich entsetzt an." *(Finger wieder voneinander lösen)*
„Schnell rannten beide nach Hause und wuschen sich." *(Zeigefinger in der Wasserschüssel reinigen)*

Das gleiche Spiel wird nun mit anderen Farben wiederholt.

Also: Die Spielleitung bemalt sich z.B. einen Finger mit roter, einen mit grüner Farbe. „Herr Rot und Frau Grün die trafen sich ..."
Am Ende des Fingerspiels bemalt sich die Spielleitung alle 10 Finger mit verschiedenen Farben (oder auch nur einige Finger, falls nicht so viele unterschiedliche Farben vorhanden sind).
„Eines Tages trafen sich alle auf einem Fest." *(die Finger können hier noch einzeln durch Verbeugung vorgestellt werden)*
„Sie tanzten vergnügt die ganze Nacht." *(Die Spielleitung läßt die Finger zappeln)*
„Als das Fest zu Ende war, verabschiedeten sich alle voneinander. Sie drückten und umarmten sich. Doch was war denn da passiert?" *(Alle Finger werden aneinander gerieben und es entsteht ein herrlicher Mischmasch)*

Farbenzauber mit Luftballons

Material: je Kind ein farbiger, runder Luftballon (4 Farbgruppen), Plakatkarton in vier Farben, Tesa-Krepp, schnelle, bewegte Musik

Die vier Ecken des Raumes werden zu Beginn des Tanzspiels von der Spielleitung mit Plakatkarton (z.B. runden Farbkreisen) in vier Farben markiert. Die Farbkreise sollten deutlich sichtbar an die Wand geklebt werden. Dabei entsprechen die Farben denen der Luftballons.
Nun erhält jedes Kind einen Luftballon, den es aufbläst und verknotet. Es sollten vier in etwa gleich große Farbgruppen entstehen. Die Spielleitung spielt eine schnelle, bewegte Musik ein.
Zu der Musik bewegen sich die Kinder in der Mitte des Raumes mit ihrem Luftballon. Der Luftballon soll hochgestubst werden und möglichst nicht den Boden berühren.

Spielvorschläge

1) Stoppt die Musik, so versuchen alle Kinder sich so schnell wie möglich mit ihrem Luftballon in die Farbecke zu bewegen, die der Farbe ihres Luftballons entspricht.

2) Alle Kinder tanzen mit ihrem Luftballon in ihrer Farbecke. Setzt nun die Musik aus, so versuchen die Kinder, mit ihrem Luftballon in die gegenüberliegende Farbecke zu gelangen.

3) Die Kinder tanzen mit ihrem Lufballon in ihrer Farbecke. Bei Musik-Stop tanzen sie wieder zur gegenüberliegenden Farbecke hinüber, diesmal sollen sie dabei die anderen stören, die ihnen entgegenkommen, indem sie deren Luftballons wegstubsen und ihren eigenen Luftballon schützen. Welche Gruppe erreicht als erste die andere Farbecke?

Wie sieht eigentlich mein Zimmer in Blau aus?

Wir basteln bunte Farbhelme

Material: Tonpapierbogen in dunkler Farbe (Größe: 50 x 70 cm), Tesafilm, glatte und durchsichtige Klarsichtfolie in vier verschiedenen Farben (gibt es in Dekorationsgeschäften), Scheren, Kleber

Der Bogen Tonpapier wird der Länge nach geteilt, so daß zwei Streifen von 25 x 70 cm entstehen. Aus jedem Streifen kann ein Farbhelm hergestellt werden.
Mit 15 cm Abstand von der unteren breiten Seite des Bogens werden vier Sichtfenster von 3 cm Höhe und 10 cm Breite in das Papier geschnitten. Diese Sichtfenster werden mit der zugeschnittenen Klarsichtfolie in vier verschiedenen Farben zugeklebt. Dann wird der Tonpapierstreifen zu einem runden Helm zusammengeklebt, wobei die Kleberänder nach innen gewendet werden sollen. Jetzt kann sich das Kind den Farbhelm über den Kopf stülpen und seine Umgebung mal in Rot, in Blau, in Orange oder gar in Lila anschauen.

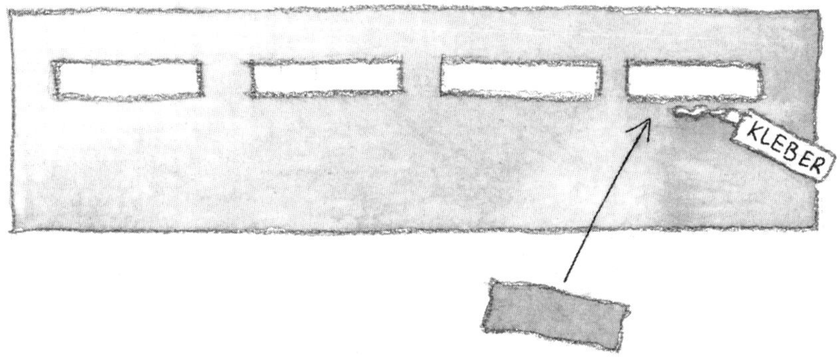

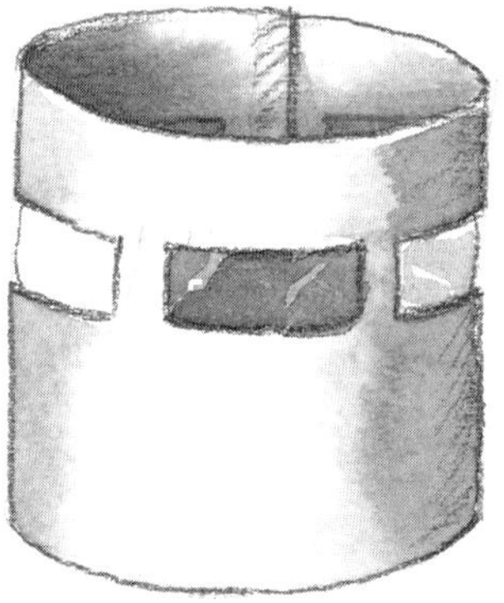

Bunte Kostüme für Farbenkinder

Jedes Kind entscheidet sich für eine Farbe. Dabei sollte es in etwa gleich große Farbgruppen geben. Für den Tanz benötigen wir Kostüme in den Farben: Rot, Blau, Gelb und Braun. Es gibt natürlich ganz verschiedene Möglichkeiten, sich ein Farbkostüm anzufertigen. Hier ein paar Beispiele:

Farbiger Kopfschmuck

Material: Plakatkarton in vier Farben, Scheren, Kleber, Kreppapier in vier Farben oder Stoffreste in vier Farben

Man schneidet aus einem farbigen Pappkarton (entsprechend der Farbgruppe) einen ca. 4 cm breiten Streifen und paßt ihn seinem Kopfumfang an. Der Streifen wird zu einem Ring zusammengefaßt und an den Enden zusammengeklebt. Nun kann man farbige Kreppapierstreifen oder Stoffrestestreifen (auch hier natürlich entsprechend der Farbgruppe) an den Reifen kleben oder heften. Achtung: Die Gesichtspartie freilassen, denn sonst kann man ja nichts mehr sehen!

Kunterbunte T-Shirts

Material: je Kind ein weißes T-Shirt, Kaltbatikfarben in vier Farben, Eimer oder Schüsseln, Gummihandschuhe, Kreppapier in vier Farben oder Stoffreste in vier Farben

Jedes Kind bringt ein weißes T-Shirt mit. Nun färben wir die T-Shirts mit Kaltbatikfarben ein (in Bastelgeschäften erhältlich).
Dabei gibt es natürlich auch wieder gleich große Farbgruppen. Anschließend können die T-Shirts noch mit Stoffresten der gleichen Farbe beklebt werden.

Der Tanz der Farben

Die Kinder werden in vier gleich große Farbgruppen eingeteilt: Blau, Rot, Gelb, Braun. Sie schmücken sich mit farbigen Kreppapier-Stirnbändern entsprechend ihrer Farbgruppe oder sind mit den Kostümen für Farbkinder verkleidet (siehe Kostümgestaltung). Auch gleichfarbige Bänder an den Armgelenken wären sehr schön. Für jede Farbgruppe gibt es einen eigenen Musikteil, bei dem die Kinder der entsprechenden Farbgruppe in der Mitte tanzen und Bewegungen vormachen, die zum Charakter ihrer Farbe passen. Nach jedem Farbmusikteil folgt der Teil A (Melodie). Die Kinder tanzen in einer geschlossenen Kreisformation los.

Teil A:
Die Kinder fassen zum Kreis und tanzen rechts herum, anschließend links herum.

Teil B:
Die **blaue** Farbgruppe tanzt in der Mitte. Die Bewegungen sollten sanft schwebend, endlos, friedlich, gleitend mit ausgebreiteten Armen sein. Kindern sollte die Assoziation eines Vogels gegeben werden, der am blauen Himmel fliegt.

Bewegungen für die Kinder im Kreis: leichte Schaukelbewegungen am Platz nach links und rechts.

Wiederholung Teil A:

Die Farbgruppe tritt zurück und alle schließen wieder den Kreis. Es wird rechts und links herum getanzt.

Teil C:
Die **rote** Farbgruppe bewegt sich mit wilden, feurigen, springenden, ausbreitenden Bewegungen in der Mitte. Die Assoziation sollte ein prasselndes Feuer sein.

Bewegungen für die Kinder im Kreis: klatschen und leicht auf der Stelle wippen.

Wiederholung Teil A:

Teil D:
Die **gelbe** Farbgruppe tanzt ruhig, genießend, in Zeitlupenbewegungen, mit nach oben, zur Sonne gerichteten Armen eng in der Mitte zusammen. Die Assoziation sollte die warme, gelbe Sonne sein.

Bewegungen für die Kinder im Kreis: leichte Schaukelbewegungen am Platz nach links und rechts.

Wiederholung Teil A:

Teil E:
Stampfend, in gebückter Haltung in den Boden hinein tanzt die **braune** Farbgruppe in der Mitte. Die Assoziation für die Kinder sollte die braune Erde sein.

Bewegungen für die Kinder im Kreis: klatschen und leicht auf der Stelle wippen.

Wiederholung Teil A (2x)

Dieser Tanz kann erst mit Kindern ab ca. 5 Jahren durchgeführt werden. Er eignet sich besonders für Aufführungen bei Feiern und Festen. Die Bewegungen der einzelnen Farbgruppen müssen vorab mit den Kindern einstudiert werden. Die Tanzleitung sollte in jeder Farbgruppe mittanzen und den Kindern per Handzeichen signalisieren, wann sie wieder in den Kreis zurücktreten müssen.

Eine außerirdische Begegnung

Mit dem Thema Weltall und Geschichten über außerirdische Lebewesen werden Kinder schon im Kindergarten-, spätestens aber im Grundschulalter konfrontiert. Es gibt unzählige Comics, Filme und Spielzeug zu diesem Thema. Niemand weiß bis heute, ob es auch in anderen Sonnensystemen und auf anderen Planeten dem Menschen vergleichbare Lebewesen gibt. In vielen Filmen und Comics werden die Außerirdischen leider oft als böse und bedrohliche Gestalten dargestellt. Wahrscheinlich deshalb, weil das, was sehr fremd und unbekannt ist, häufig Angst und Abwehr auslöst.

In diesem Kapitel können wir gemeinsam über Außerirdische phantasieren: Wie sehen Außerirdische vielleicht aus? Leben und bewegen sie sich so wie wir? Haben sie eine andere Sprache?

Unsere Geschichte zu diesem Thema ist spannend, stellt aber eine witzige und friedliche außerirdische Figur vor. Der Tanz und die Spiele bieten vielfältige Möglichkeiten des Ausdrucks in Bewegung, Sprache, Haltung und Mimik. Hier können alle nach Herzenslust phantasieren und sich als Außerirdische verkleidet austoben.

Eine außerirdische Begegnung

Christian, Roland und Meike waren wieder einmal die letzten auf dem Abenteuerspielplatz. Es war schon fast dunkel, und eigentlich hätten sie längst zu Hause sein sollen. Plötzlich hörten sie ein seltsames Geräusch. Es zischte und rauschte dicht über ihnen, so als ob etwas durch die Luft schwirrte.

„Meike, hörst du das auch?" Meike kam hinter Roland aus der Kistenburg gekrochen.

„Nein, was meinst du denn?"

„Schaut doch mal da oben!" kam plötzlich ein Schrei von der anderen Seite des Platzes. Christian stand am Bretterzaun und starrte zum Himmel. Ein grünlich schimmerndes Licht flackerte über ihren Köpfen und war im nächsten Moment wieder verschwunden. Nun hörten alle drei wieder das merkwürdige Geräusch.

„Es kommt näher", rief Meike, „los, wir gehen einmal hinüber zu Christian. Von da vorn kann man besser sehen."
„Ich gehe lieber nach Hause." Roland sprach auffällig leise, er fürchtete sich etwas.
„Komm, sei kein Spielverderber. Wir sehen uns das Ganze einmal genauer an."
Natürlich wollte Roland kein Angsthase sein. Also ging er mit. Am Bretterzaun angekommen, sahen sie das Licht langsam näherkommen. Mittlerweile war es draußen ganz dunkel geworden. 'Schwirr, schwirr, schwirr' machte es über ihren Köpfen.
„Oh je, ich glaube, es kommt auf uns zu. Wir verstecken uns lieber!" Roland rannte zurück zur Kistenburg, dicht gefolgt von Meike und Christian. Das Geräusch draußen wurde immer lauter. Auch Meike und Christian hatte mittlerweile die Angst gepackt. Sie krochen weiter zurück in die Kistenburg und kauerten sich eng aneinander.
Plötzlich hörte es sich so an, als ob etwas dicht in ihrer Nähe auf dem Boden aufsetzte. Meike nahm all ihren Mut zusammen und spähte durch einen Spalt zwischen den Brettern nach draußen.
„Roland, Christian, ein Ufo!" rief sie aufgeregt.
„Das glaube ich nicht, du willst uns wohl Geschichten erzählen", meinte Christian ungläubig, kroch aber doch neugierig zu Meike hinüber.
„Nein, wirklich, nebenan auf dem Fußballplatz ist eben ein Ufo gelandet! Sieh doch." Sie rückte ein Stück zur Seite.
Neugierig schaute Christian hinaus. Auch Roland war jetzt etwas mutiger geworden und schob Christian ungeduldig beiseite.
„Kommt, das sehen wir uns näher an!" rief Christian.
Sie kletterten aus der Burg, versteckten sich hinter den Kisten und schauten zum Fußballplatz hinüber. Das Ufo sah aus wie eine fliegende Untertasse und leuchtete von innen ganz grün. 'Ssss' machte es plötzlich, und eine Schiebetür ging auf. Aus dem Ufo trat ein kleines blaues Wesen. Auf dem Kopf trug es einen runden Helm mit zwei Antennen. Verwirrt schaute es sich um, ging dann ein paar Schritte nach vorn, beugte sich hinab zum Boden und machte dabei merkwürdige Geräusche.
„Mensch", flüsterte Meike den anderen zu, „was will der bloß hier? Sieht fast so aus, ob er den Boden küßt."
„Nein, ich glaube, er gräbt nach etwas", antwortete Roland. „Guck mal, was er für merkwürdige Hände hat. Sie sehen fast so aus wie Grabeschaufeln!"
„Chi pa po nox ti ba bi", hörten sie nun das kleine Wesen rufen. Es nahm eine Grabeschaufelhand voll Asche vom Platz und ging damit ein paar Meter weiter bis zu einem Busch.
„Ti ko so ma tollo di di." Auch am Busch beugte sich das kleine außerirdische Wesen wieder zu Boden und nahm von dort etwas Erde auf. Dann pflückte es noch ein paar Blätter und ging damit zurück zum Ufo. 'Bssss', die Tür schloß sich wieder. 'Schwirr, schwirr, schwirr.' Blitzschnell erhob sich das Ufo in die Lüfte und flog davon. Staunend blickten die drei Kinder ihm nach.
„Das glaubt uns keiner!" Meike hatte als erste ihre Sprache wiedergefunden.
„Wir hätten es fragen sollen, woher es kommt." Roland wurde jetzt auch wieder munter.
„Vielleicht kommt es ja morgen wieder", meinte Christian.
„Aber es versteht uns bestimmt nicht. Es hat doch so komisch gesprochen", antwortete Meike.
„Los, das müssen wir unseren Eltern erzählen. Es ist sowieso schon ganz dunkel." Aufgewühlt unterhielten sie sich weiter, während sie schnell nach Hause liefen. Natürlich hat ihnen zu Hause niemand die Geschichte geglaubt. Ob die drei nur geträumt haben?

Wir verkleiden uns als Außerirdische

Um zu diesem Thema mit den Kindern zu spielen und zu tanzen, ist es reizvoll, sich vorher als Außerirdische zu verkleiden.

Material: Plakatkarton oder biegsame Pappe, Pfeifenreiniger, Alufolie, blaue Müllsäcke, silbernes Geschenkband, Hosengummiband, Scheren, Kleber

Körperkostüm

Jedes Kind erhält einen blauen Müllsack für das Kleid des Außerirdischen. Dieser muß, je nach Körpergröße des Kindes, in Höhe der Knie abgeschnitten werden. In den Müllsack werden drei Löcher geschnitten: oben in die zugeschweißte Seite einen Halbkreis für das Kopfloch und an beiden Außenseiten zwei Armlöcher; um die Taille wird aus dem silbernen Geschenkband ein Gürtel gebunden.

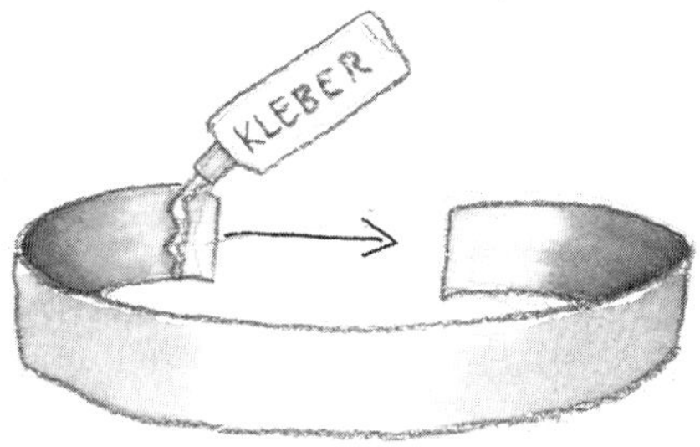

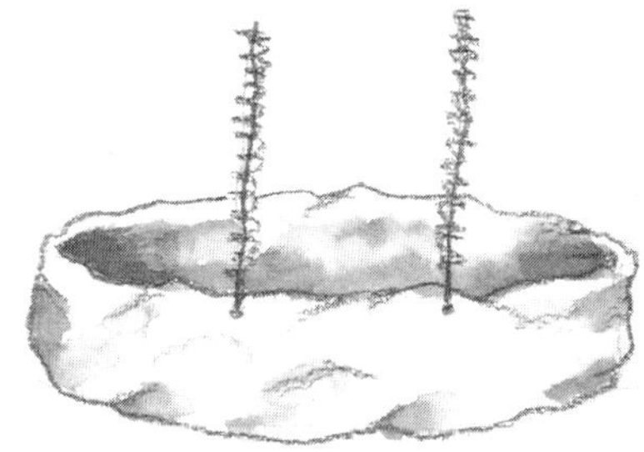

Stirnreifen für Außerirdische

Jedes Kind bekommt nun noch einen Stirnreifen mit zwei Antennen. Dieser wird so gebastelt: Aus einem Plakatkarton oder anderer Pappe werden schmale, ca. 4 cm breite Längsstreifen geschnitten, die dem Kopfumfang der Kinder angepaßt werden müssen. Die Enden werden anschließend zu einem Stirnreifen zusammengeklebt. An den beiden Seiten des Stirnreifens wird je ein Loch gebohrt, durch die die Pfeifenreiniger gezogen werden. Von innen sollten die Pfeifenreiniger einmal verknotet werden. Anschließend wird der Stirnreifen mit Alufolie umwickelt und verkleidet. Auch die Antennen (Pfeifenreiniger) werden mit Alufolie umwickelt.

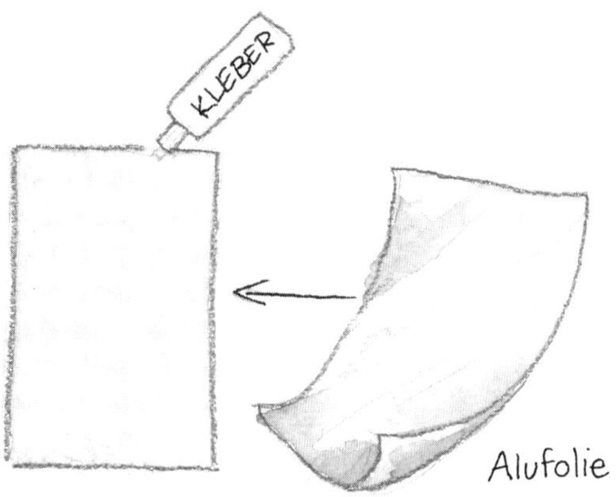

Schienbeinschoner

Die Außerirdischen bekommen außerdem Schienbeinschoner, die auch aus Pappe gebastelt werden. Aus dem Plakatkarton bzw. der Pappe werden jetzt Rechtecke in der Länge der Schienbeine geschnitten. Diese Pappe wird wieder mit Alufolie beklebt. Dann werden vier Löcher in je eine Ecke der Pappe gebohrt. Durch diese Löcher zieht man nun noch oben und unten je ein Hosengummiband (Länge entsprechend dem Umfang der Waden) und verknotet sie. Schon sind die Schienbeinschoner für kleine Außerirdische fertig!

Spiele für Außerirdische und ihre Freunde

Knall, knall, knall, wir fliegen jetzt ins All!

Alle Kinder stehen im Kreis. Die Spielleitung leitet das Spiel folgendermaßen ein:"*Stellt euch vor, wir würden ins All fliegen: Knall, knall, knall, wir fliegen jetzt ins All! Der Countdown läuft! Zehn, neun, acht, sieben, sechs, ... Halt! Wir haben ja ganz vergessen, uns zu verkleiden!*"
Die Kinder und die Spielleitung ziehen die Verkleidung für die Außerirdischen an. Alle hocken sich wieder in den Kreis und die Spielleitung fährt fort: *„Knall, knall, knall, wir fliegen jetzt ins All! Der Countdown läuft: Zehn, neun, acht, sieben... Halt! Wir haben ja noch gar nicht geübt zu fliegen!"*
Alle stehen auf, breiten die Arme aus und imitieren Flugbewegungen durch den Raum. Ist das Fliegen ausreichend geübt, ruft die Spielleitung die Kinder in den Kreis zurück.
„Knall, knall, knall, wir fliegen jetzt ins All! Der Countdown läuft: Zehn, neun, acht, sieben, sechs, fünf, vier ... Halt! Wir haben ja gar nicht geübt zu landen!" Die Kinder nehmen die Flugbewegungen wieder auf und probieren eine Landung aus: auf den Po, auf die Knie, eine Bauchlandung usw. Hat jedes Kind seine Landung ausreichend geprobt, ruft die Spielleitung alle zurück in den Kreis.
„Knall, knall, knall, wir fliegen jetzt ins All! Der Countdown läuft: Zehn, neun, acht, sieben, sechs, fünf, ... Halt! Wir haben noch gar nicht geübt, wie Außerirdische sprechen. Laßt uns mal überlegen, wie wir uns wohl mit den Außerirdischen auf dem Planeten Pluto verständigen können."
Die Kinder sollten frei irgendwelche Phantasiegeräusche ausprobieren und sich gegenseitig damit ansprechen. Dabei kann ein buntes Treiben im Raum entstehen.
Die Spielleitung ruft die Kinder zurück in den Kreis. *„Knall, knall, knall, wir fliegen jetzt ins All! Der Countdown läuft: Zehn, neun, acht, sieben, sechs, fünf, vier, drei, zwei ... Halt! Haben wir auch wirklich überlegt, ob wir alles haben, was wir brauchen, und alles wissen, was wir wissen müssen?"*
Gemeinsam überlegen alle, ob es noch irgendetwas gibt, was vorher geübt oder ausprobiert werden muß. Die Spielleitung geht auf die jeweiligen Ideen ein.
Dann zählt sie erneut den Countdown: *„Knall, knall, knall, wir fliegen jetzt ins All! Der Countdown läuft: Zehn, neun, acht, sieben, sechs, fünf, vier, drei, zwei, eins, null!"*
Die Kinder springen hoch und beginnen mit einem lauten „Uuuuiiiiiiiiiii!" durch den Raum zu fliegen.
Die Spielleitung ruft: „Wir landen!", und sofort bleibt jeder stehen. Jetzt begrüßen sich alle gegenseitig mit der Phantasiesprache. Hier klingt das Spiel dann langsam aus.

Chi pa po nox ti ba bi – wir erfinden eine neue Sprache

Die Kinder und die Spielleitung sind als Außerirdische verkleidet und stehen im Kreis. Die Spielleitung tritt einen Schritt vor und macht ein Geräusch und eine Bewegung dazu, z.B. schreibt sie mit der rechten Hand eine Acht in die Luft und macht dazu „iiiii!". Alle Kinder machen die Bewegung und das Geräusch nach. Die Spielleitung tritt zurück in den Kreis.
Jetzt tritt ein Kind vor und macht auch ein Geräusch mit einer Bewegung dazu, z.B. wackelt es mit dem Kopf und sagt immer „bäbäbäbäbäbäbä!"
Alle Kinder sollten einmal eine Bewegung und ein Geräusch vorgemacht haben.

Außerirdische fliegen durchs All

Die Kinder stehen verteilt im Raum. Die Spielleitung läuft mit einem Geräusch und/oder einer Bewegung kreuz und quer durch den Raum und geht dann auf ein Kind zu.
Zum Beispiel: Sie hebt abwechselnd den rechten und den linken Arm wie ein Roboter hoch und macht dabei „ a o u".
Das Kind schließt sich an und übernimmt die Bewegung und das Geräusch. Die Spielleitung und das Kind gehen zu dem nächsten Kind, dieses schließt sich genauso an usw., bis alle Kinder unterwegs sind.
Bei einem Signal der Spielleitung (Schlag auf einem Tamburin, einer Triangel oder ähnlichem) bleiben alle wieder stehen.
Im nächsten Durchgang startet ein Kind mit einem Geräusch und einer Bewegung durch den Raum, geht zu einem anderen Kind, dieses übernimmt die Bewegung und das Geräusch, schließt sich an, usw.

Tanz auf dem Planeten Pluto

Die Spielleitung leitet den Tanz folgendermaßen ein: „Stellen wir uns einmal vor, wir sind auf dem Planeten Pluto, und dort gibt es auch Menschen. Diese haben nur etwas andere Gewohnheiten als wir und sind sonderbar gekleidet. Sie schlafen im Stehen und jeden Morgen, wenn sie erwachen, beginnen sie zunächst zu tanzen."

Einleitung:
Alle Kinder stehen im Raum verteilt, die Augen sind geschlossen. Wenn es möglich ist, sollte der Raum blau beleuchtet sein. In der Musik ertönt ein Gong, und alle öffnen die Augen.

Teil A:
Die Plutobewohner schütteln erst einmal kräftig ihre Arme und Beine aus.

Teil B:
Alle stapfen kreuz und quer durch den Raum und begrüßen sich gegenseitig mit dem kleinen Finger.

Teil A:
Die Plutobewohner bleiben am Platze stehen und wackeln mit dem Kopf.

Teil B:
Alle stapfen kreuz und quer durch den Raum und begrüßen sich mit der Nase.

Teil A:
Die außerirdischen TänzerInnen bleiben an ihrem Platz stehen und wackeln kräftig mit dem Po.

Teil B:
Nun stapfen alle kreuz und quer durch den Raum und begrüßen sich mit dem Po.

Teil A:
Die Kinder strecken sich am Platz so weit in die Höhe, wie es nur geht.

Teil B:
Alle laufen wieder kreuz und quer durch den Raum und begrüßen sich mit ihren Füßen.

Teil A:
Die Plutobewohner bleiben wieder stehen und bewegen ihren Arme eckig und zackig wie Roboter.

Teil B:
Alle laufen wie Roboter kreuz und quer durch den Raum und begrüßen sich mit den Ellenbogen.

Teil A:
Noch einmal bleiben alle stehen und wackeln mit den Knien.

Teil B:
Beim Durcheinandergehen begrüßen sich die Kinder jetzt mit den Knien.

Abenteuer auf der Ritterburg

Wenn wir Erwachsene gefragt werden, was uns zum Thema „Mittelalter" einfällt, so werden bestimmt viele, ebenso wie die Kinder, zuerst antworten: Ritter und Burgen.

Das Mittelalter ist für Kinder und Erwachsene gleichermaßen faszinierend. Natürlich haben jüngere Kinder noch keinerlei Vorstellung davon, wie die Menschen damals gelebt, gewohnt oder gearbeitet haben. Doch lieben sie es, in Burgen herumzulaufen und sich dort zu verstecken, Ritterrüstungen zu bestaunen oder sich einmal selbst als Ritter und Burgfrauen zu verkleiden und in eine solche Rolle zu schlüpfen. Das Mittelalter verspricht Spannung, Abenteuer und Geheimnisse.

Im Spiel und Tanz wollen wir mit diesen Anregungen die alte Zeit wieder auferstehen lassen. Dabei geht es uns nicht darum, Kindern einen Gesamteindruck vom Mittelalter und dem Leben in dieser Zeit zu vermitteln. Dies wäre für Kindergartenkinder eine zu große Überforderung.
Wir haben uns auf Ritter und Burgfrauen, das Leben auf der Ritterburg, Ritterspiele und Kostüme sowie den höfischen Tanz beschränkt. Dies alleine genügt schon, Kinder für kurze Zeit in den Bann einer vergangenen Zeit zu ziehen.

Der listige Koch

Vor vielen, vielen Jahren lebte auf einer Ritterburg ein Koch. Von ihm handelt die Geschichte, die ich Euch heute erzählen möchte.
Der Koch mit Namen Siegmuth war ein sehr dicker Mann. Das lag wohl daran, daß er all die guten Sachen, die er jeden Tag kochte, am liebsten selber aß. Denn er war ein wirklich guter Koch. Aber Siegmuth war nicht nur ein guter Koch. Er war auch ein sehr ordentlicher Mensch. Alles in seiner Küche blitzte und blinkte nur so, und jedes Teil lag immer am rechten Platz. Eines Tages nun ließ ihn sein Herr, der Ritter Kunibert, zu sich in den großen Rittersaal rufen.
„Siegmuth", sagte der Ritter und schlürfte dabei einen großen Schluck Wein aus seinem Becher, „heute abend wollen wir ein großes Fest geben. Viele Gäste werden kommen. Also, tische uns nur vom Besten auf. Und nun marsch an die Arbeit!" Mit einer winkenden Handbewegung befahl er den Koch hinaus.
Siegmuth lief hinunter in die Küche und ließ sich auf einem Stuhl nieder. Verzweifelt stützte er den Kopf in seine Hände. Ihm graute schon allein bei dem Gedanken an das Fest.
Nicht, daß er nicht gerne das Essen für all die feinen Leute kochte. Nein, das tat Siegmuth für sein Leben gern. Doch die Ritter hatten gar sonderliche Angewohnheiten beim Essen.
Und davor graute ihm. Sie warfen nämlich immer all ihre Essensreste in hohem Bogen hinter sich. Ja, Siegmuth fand, sie aßen wirklich wie die Ferkel.
Und weil der Koch doch ein sehr ordentlicher, sauberer Mensch war, ärgerte ihn das sehr. Besonders ärgerte ihn, daß die Ritter dann betrunken heim gingen und er, gemeinsam mit der Magd, den ganzen Dreck aufwischen mußte.
Als Siegmuth nun so da saß, kam ihm plötzlich eine Idee. Fröhlich sprang er auf und machte sich sofort vergnügt an die Arbeit. Was das für eine Idee war, wollt ihr wissen?
Na, dann will ich die Geschichte schnell weitererzählen. Als es Abend wurde, hatte der Koch alles auf das Beste vorbereitet. Die Tafel war festlich gedeckt, und in der ganzen Burg duftete es nach gutem Essen. Schon bald trafen die ersten Gäste ein und nahmen an der Festtafel Platz. Kurz darauf konnte der Schmaus beginnen.
Siegmuth hatte sich, nachdem er das Essen fertig zubereitet hatte, in der großen Eingangshalle hinter einem Pfeiler versteckt. Von dort aus konnte er das ganze Festessen gut beobachten.
Schon bald flogen die ersten abgenagten Hähnchenknochen und Fleischkeulen durch die Luft. Es wurde gejohlt und gelacht. Als die Ritter schon sehr betrunken waren und Siegmuth sicher war, daß ihn niemand bemerkte, schlich er sich vorsichtig hinter die Ritter und sammelte die ganzen Essensreste ein. Schnell verkroch er sich damit wieder in die Halle. Niemand hatte ihn bemerkt. Erleichtert atmete er auf. Dann verstreute er die Knochen und Fleischreste auf dem Boden der Halle. Zum Schluß blies er noch alle Kerzen aus und schlich dann wieder zurück hinter den Pfeiler. So, nun konnten die Ritter kommen!
Wohl an die zwei Stunden mußte Siegmuth noch hinter dem Pfeiler hocken, bis sich endlich die ersten Ritter auf den Heimweg machten. Wankend standen sie von ihren Stühlen auf und torkelten in die Halle. Da es dort aber so finster war, konnten sie die Essensreste auf dem Boden nicht sehen. Und dann passierte es! Der Reihe nach rutschten sie auf den Knochen aus und landeten in ihrem eigenen Dreck. Sie fluchten und schimpften fürchterlich. Siegmuth hockte in seinem Versteck und kicherte fröhlich in sich hinein. Grimmig verließen die Ritter die Burg.
Natürlich mußte Siegmuth auch nach diesem Festessen wieder den Abfall wegräumen. Doch es war wohl das letzte Mal. Denn von diesem Tage an wurde auf Burg Hohenfels anständig gegessen.

Wir bauen uns eine Ritterburg

Material: viele unterschiedlich große Kartons, Teppichmesser, Scheren, Papierkleber oder Klebeband, Fingerfarbe

Aus vielen großen und kleinen Kartons kann man eine tolle Ritterburg bauen. Geeignete Kartons gibt es in Lebensmittel- und Schuhgeschäften. Mit einem Teppichmesser (dies sollte nur von der Spielleitung benutzt werden!) lassen sich leicht Fenster, Türen, Türme und sogar eine Zugbrücke zurechtschneiden. Die folgenden Illustrationen geben hierzu einige Anregungen.
Die Kartons werden mit gutem Papierkleber oder Klebeband zu einer hohen Ritterburg miteinander verbunden. Anschließend bemalen die Kinder die Ritterburg mit Fingerfarben.
Figuren von Duplo, Lego, Playmobil sowie Holzfiguren und Tiere lassen sich sehr schön in das abenteuerliche Spiel mit der Ritterburg einbauen. Sicherlich wird die Ritterburg schnell zu einem festen Spielelement in der Einrichtung.

Spiele auf der Ritterburg

Verschwundene Ritter

Material: 4 weiße Bögen festes Tonpapier, Klebeband, Buntstifte oder Wachsmalstifte, Schere, 10 Ritterkarten (siehe Text)

Vier weiße Bögen Tonpapier werden zu einer großen Fläche zusammengelegt und mit Klebeband zusammengeklebt. Nun muß die Spielleitung auf das Papier eine große Ritterburg malen. In der Ritterburg sollte es 10 Fenster in der Größe der Ritterkarten geben (siehe folgende Beschreibung). Diese Ritterburg wird an der Wand befestigt.
Nun müssen noch 10 Ritter mit Hilfe der Kopiervorlage, die sich im Anhang des Buches findet, kopiert werden. Sie werden auf die Größe der gemalten Fenster in der Ritterburg zugeschnitten. Die Spielleitung versteckt die Ritterkarten im Gruppenraum oder Außengelände. Nun kann das Spiel beginnen.
Die Spielleitung erzählt, daß es auf dieser Ritterburg viele Zimmer gibt, in denen eigentlich die Ritter wohnen. Doch heute scheinen sie alle ausgeflogen zu sein, denn niemand schaut aus den Fenstern. Ob sie sich wohl versteckt haben?
Die Kinder suchen jetzt die Ritter und bringen sie so schnell wie möglich der Spielleitung. Dann werden die Ritter in die Fenster geklebt. Wenn die Kinder das Suchspiel häufiger durchführen möchten, können sie die Ritter besser mit etwas Klebeband, das auf der Rückseite der Karten angebracht wird, in den Fenstern befestigen.
Zum Schluß wird die Ritterburg von allen Kinder gemeinsam bunt ausgemalt.

Ziel stechen

Material: zwei ca. 1 Meter lange Rohrisolierungen aus Schaumstoff (in Baumärkten erhältlich), feste Pappe, Scheren, Wäscheklammern, Wäscheleine oder andere Schnur

Die Ritter mußten früher mit ihren Lanzen bestimmte Ziele genau treffen. Das wollen wir in einem kleinen Spiel üben.
Aus fester Pappe (z.B. aus Kartons) werden Ringe ausgeschnitten. Das Innenloch der Ringe sollte einen Durchmesser von ca. 15 cm haben. Nun müssen die Kinder eine Wäscheleine quer durch den Raum oder auch im Außengelände zwischen zwei Bäume spannen. Die Leine sollte etwas über der Kopfhöhe der Kinder angebracht werden. An der Schnur werden nun mit Wäscheklammern die Pappringe nebeneinander befestigt.
Die Kinder bilden zwei Gruppen und stellen sich in zwei Reihen hintereinander in einiger Entfernung zur Wäscheleine auf. Die ersten beiden Kinder einer Reihe erhalten ein Schaumstoffrohr. Nun reiten sie pantomimisch auf ihren Pferden los (bei älteren Kindern können auch Steckenpferde verwendet werden).
Mit ihren Lanzen versuchen sie nun, einen Ring zu treffen und herunterzuholen. Jedes Kind muß dazu zügig unter der Leine „herreiten" und im Lauf nach einem Ring zielen. Sie dürfen nicht unter der Leine stehenbleiben. Hat ein Kind einen Ring erwischt, so transportiert es ihn zurück zu seiner Gruppe. Dann wird die Lanze dem nächsten Kind übergeben, das nun einen neuen Versuch startet.
Variante für ältere Kinder: Ältere Kinder können versuchen, einen heruntergeholten Ring auf der Lanze weiter zu transportieren und ihn in ein Gefäß (Schüssel oder Eimer) zu befördern.

Kostüme für Ritter und Burgfrauen

Material – für die Schilde:	Teppichmesser, Scheren, Verpackungskarton, Kleber, Stoffband, Lochzange, Plakafarbe, Pinsel, Kleister, Zeitungspapier
für die Helme:	Plakatkarton oder Graupappe, gummiertes Buntpapier oder Wachsmalstifte, Musterklammern, Scheren, Kleber
für die Hüte der Burgfrauen:	feste Pappe, Scheren, Kleber, Stoffreste (am besten aus Tüll) oder farbiges Kreppapier, Gardinenreste, alte Kleider und Röcke

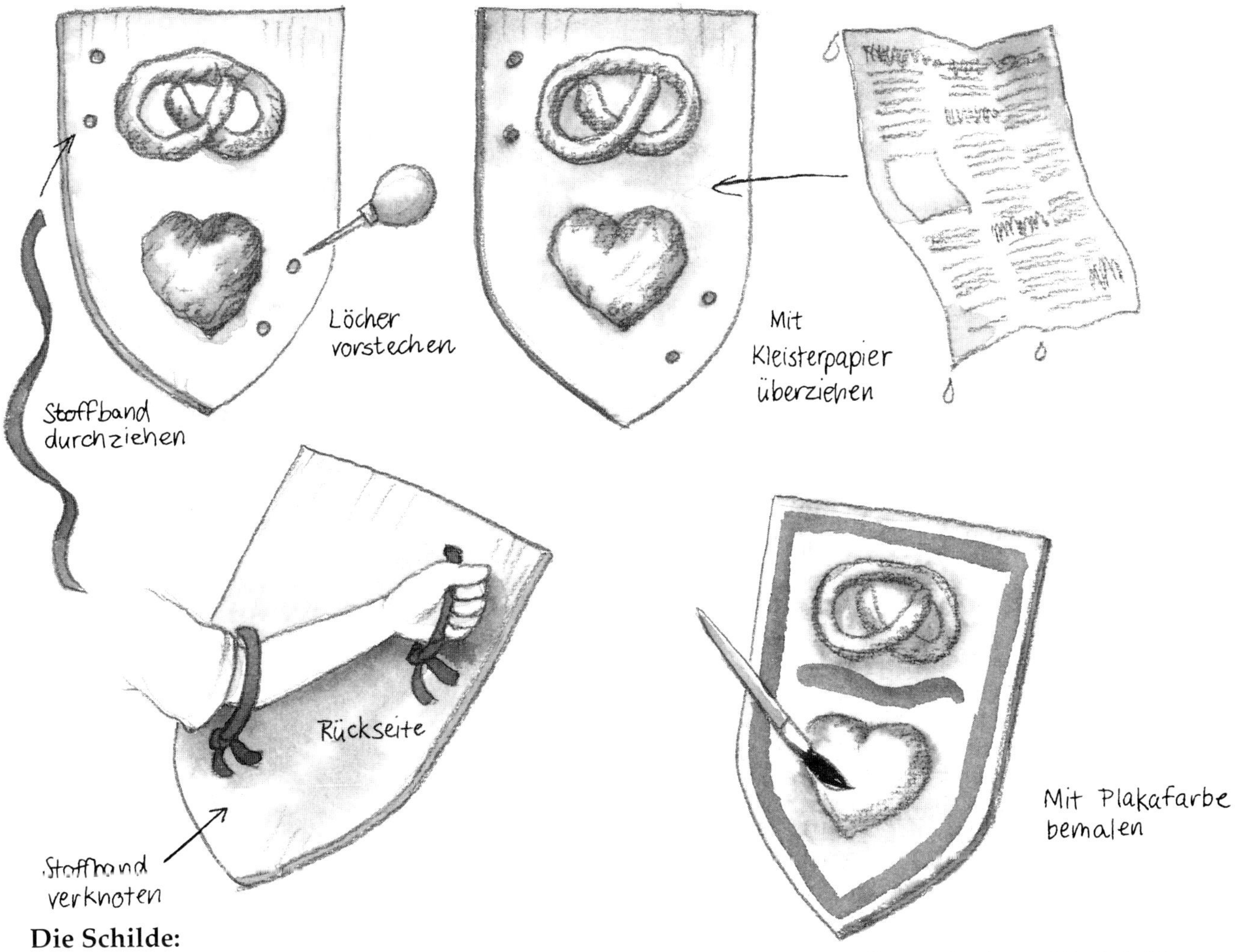

Die Schilde:
Aus einfachem Material können die Kinder sehr leicht ihre Kostüme selbst anfertigen. Die Schilde der Ritter werden aus festem Verpackungskarton zurechtgeschnitten. Dieses sollte ein Erwachsener entsprechend der Skizze anfertigen. Aus Kleister und mehreren Bögen Zeitungspapier können die Kinder anschließend Muster und Wappen auf ihren Schilden formen und kleben. Die Zeitungen werden dazu mit Kleister getränkt, dann gedreht und zerknüllt und auf den Pappschild geklebt.
Zuletzt werden drei bis vier Zeitungsbögen über den Ritterschild geklebt. Für die Haltegriffe müssen zwei Stoffbänder durch den Karton gezogen werden (siehe Skizze). Nach dem Trocknen können die Kinder ihre Schilde mit Plakafarben bemalen.

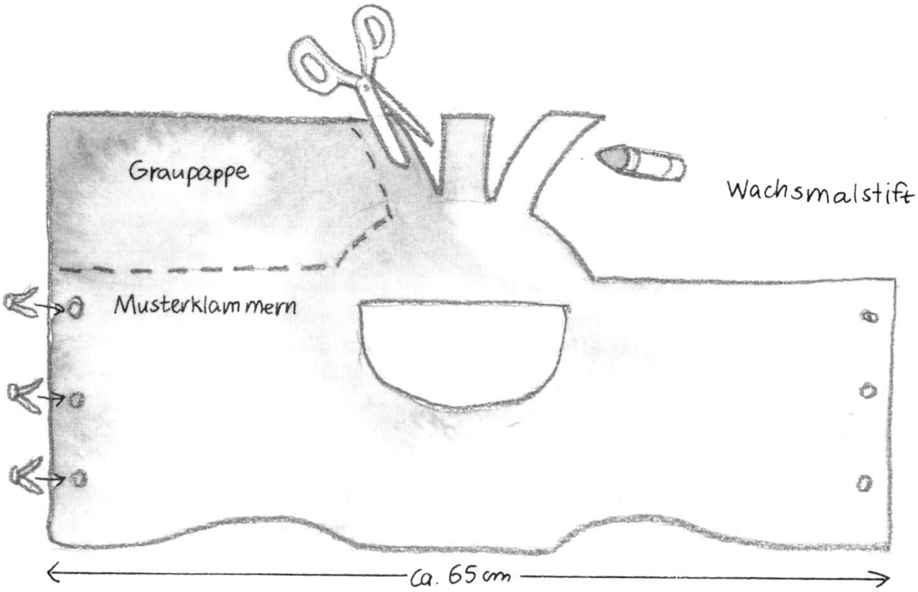

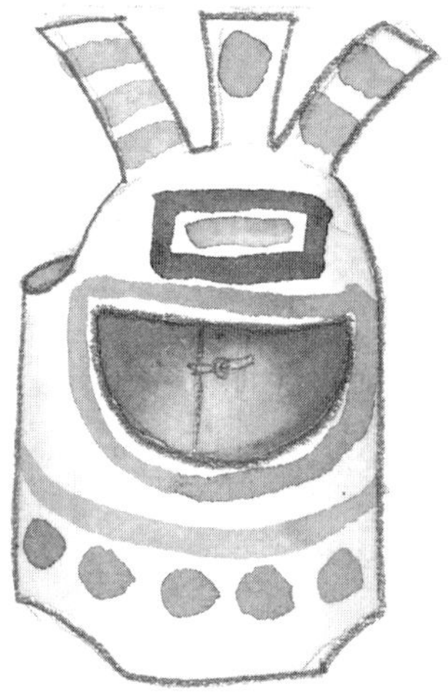

Die Helme:
Die Helme können aus festem Plakatkarton entsprechend der Skizze zurechtgeschnitten werden. Sie werden dann hinten mit Lochklammern geschlossen. Mit Wachsmalstiften oder auch mit gummiertem Buntpapier bemalen oder gestalten die Kinder zum Schluß ihren eigenen Helm selbst.

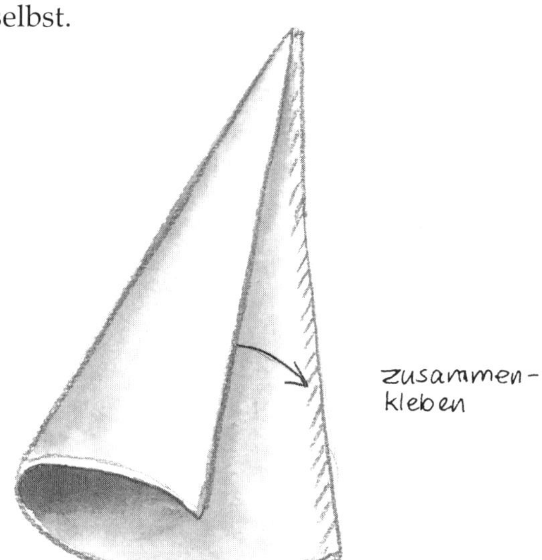

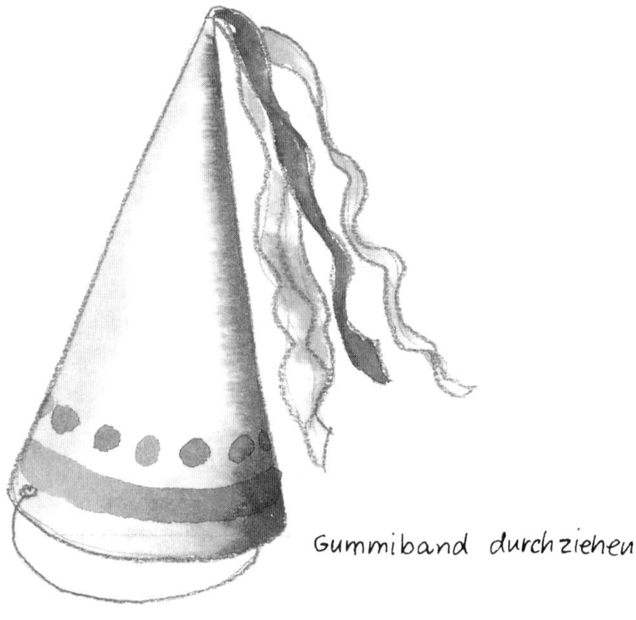

Die Hüte der Burgfrauen:
Für die abgebildeten Hüte der Burgfrauen wird feste Pappe zu einer spitzen Tüte entsprechend dem Kopfumfang der Kinder gerollt und an der Längsseite zugeklebt.
Aus Gardinenresten oder buntem Kreppapier schneiden die Kinder lange, ca. 3-4 cm breite Streifen und kleben diese an die Spitze ihrer Hüte, so daß die Bänder hinten herunterhängen.
Zum Schluß werden an den breiten Öffnungen der Hüte am Rand je zwei Löcher durch die Pappe gebohrt. Dadurch ziehen die Kinder an jeder Seite ein Band, damit sie die Hüte unter dem Kinn festbinden können. Mit Buntpapier, farbigen Perlen, Folie oder Stoffresten können die Kinder ihre Hüte verzieren.
Mit Gardinenresten, bunten Tüchern und Stoffresten sowie alten Kleidern und Röcken verwandelt sich schnell jedes Kind in eine hübsche Burgfrau.

Tanz der Ritter und Burgfrauen

Material: ein Gong

Besonders schön ist es natürlich, wenn die Kinder sich für diesen Tanz als Ritter und Burgfrauen verkleidet haben (siehe Kostümgestaltung). Vor Beginn des Tanzes sollte noch eine Einführung in die Art und Weise des Schreitens/Gehens der Burgbewohner stattfinden. Auch die Verbeugungen, der Knicks sowie das pantomimische Essen sollten mit den Kindern vorher geübt werden.

Einleitung (Dreivierteltakt):
Paarweise hintereinander betreten die Burgfrauen und Ritter die Tanzfläche, um sich dann in zwei Reihen gegenüber aufzustellen, mit den Gesichtern zueinander. Sie bilden so einen langen Tisch, an dem auf der einen Seite die Ritter sitzen, auf der anderen Seite ihnen gegenüber die Burgfrauen. Der Abstand zwischen den beiden Tanzreihen sollte ca. 1,20 Meter betragen.
Alle setzen sich pantomimisch an den Tisch und stellen das mit leicht nach vorn gebeugtem Oberkörper und waagerecht angewinkelten Unterarmen dar. Die Ritter beginnen pantomimisch zu essen und zeigen dabei ihr äußerst schlechtes Benehmen (gieriges Essen mit den Fingern, Reste nach hinten werfen ...). Die Burgfrauen ihnen gegenüber machen entsetzte, empörte Gesichter. Sie rufen „Oh!“ und sehen abwechselnd zu den Rittern hinüber und sich gegenseitig an.

Teil A (Viervierteltakt):
Alle erheben sich vom Tisch (etwas aufrichten und einen Schritt rückwärts machen). Nun wenden sich die Burgfrauen mit einer Vierteldrehung nach rechts und gehen hintereinander in einem großen Bogen um die Ritter herum. Die Ritter verfolgen indessen mit aufmerksamen Blicken die Burgfrauen.
Variante: Die Burgfrauen ziehen in einer Schlangenlinie um die Ritter herum.

Die Burgfrauen stellen sich wieder gegenüber den Rittern auf, machen einen Schritt auf sie zu und fordern diese durch einen Knicks (Die Figur „Knicks“ müßte den Kindern vorher erklärt und gezeigt werden) zum gemeinsamen Spaziergang auf.
Der Ritter erwidert mit einer tiefen Verbeugung, reicht der Burgfrau die rechte Hand, beide gehen nebeneinander Hand in Hand spazieren. Der Ritter zeigt der Partnerin das Schloß oder die Burg. Bei einem Gong der Spielleitung kommen alle wieder zu ihrem Platz in den zwei Reihen zurück und bedanken sich durch Verbeugung und Knicks. Anschließend tauschen die Ritter und Burgfrauen die Rollen.

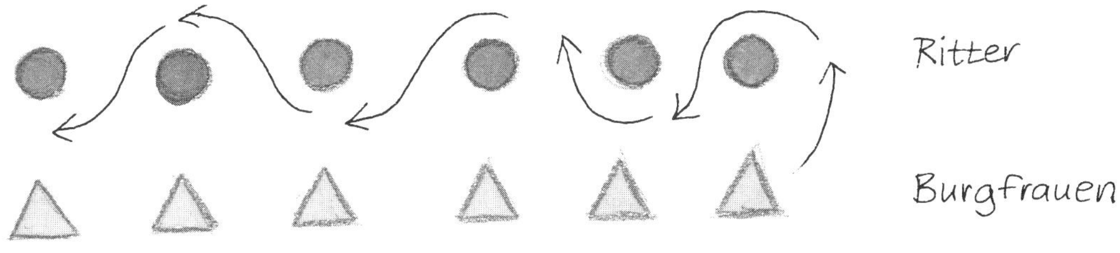

Reise in ein Land aus 1001 Nacht

Der Orient und die Märchen aus tausendundeiner Nacht begeistern kleine und große Menschen. Wir stellen uns bunte Edelsteine und süße Früchte, goldene Dächer, schöne Menschen und köstliche Gerüche vor, wie sie in den Märchen geschildert werden. Sicherlich liegt dabei die Faszination für viele mehr in den Schilderungen einer anderen Kultur als in den Inhalten der Geschichten. Die Märchen aus 1001 Nacht sind ursprünglich Geschichten für Erwachsene und zum Teil sehr gewalttätig. Nur wenige von ihnen sind kindgerecht umgeschrieben worden wie z. B. „Aladin und die Wunderlampe".

Unser Umgang mit dem „Fremden" ist zwiespältig. Bei uns in Deutschland leben sehr viele Menschen aus dem Orient und aus arabischen Ländern. Ihnen begegnen viele nicht mit der gleichen Faszination wie den Märchen aus diesen Ländern, ganz im Gegenteil, die Aggression gegenüber ausländischen Mitbürgern ist erschreckend gestiegen. Und das, obwohl die Küche, die Musik und die Tänze aus dem Orient schon einen festen Platz in unserer Kultur haben und sie bereichern.

Uns geht es in diesem Kapitel darum, die Geschichten und die Phantasien zum Orient Gestalt werden zu lassen. Außerdem möchten wir hier auch die Faszination am Fremdartigen wecken. Das Fremde macht neugierig, aber auch Angst. Die Musik, die in diesen Ländern gespielt wird, ist Kindern sicher noch unbekannt, ebenso die Tänze. Wir haben einen recht einfachen Tanz entwikkelt, der über Grundelemente des orientalischen Tanzes verfügt. Die Musik ist kindgerecht und basiert auf einem orientalischen Rhythmus.

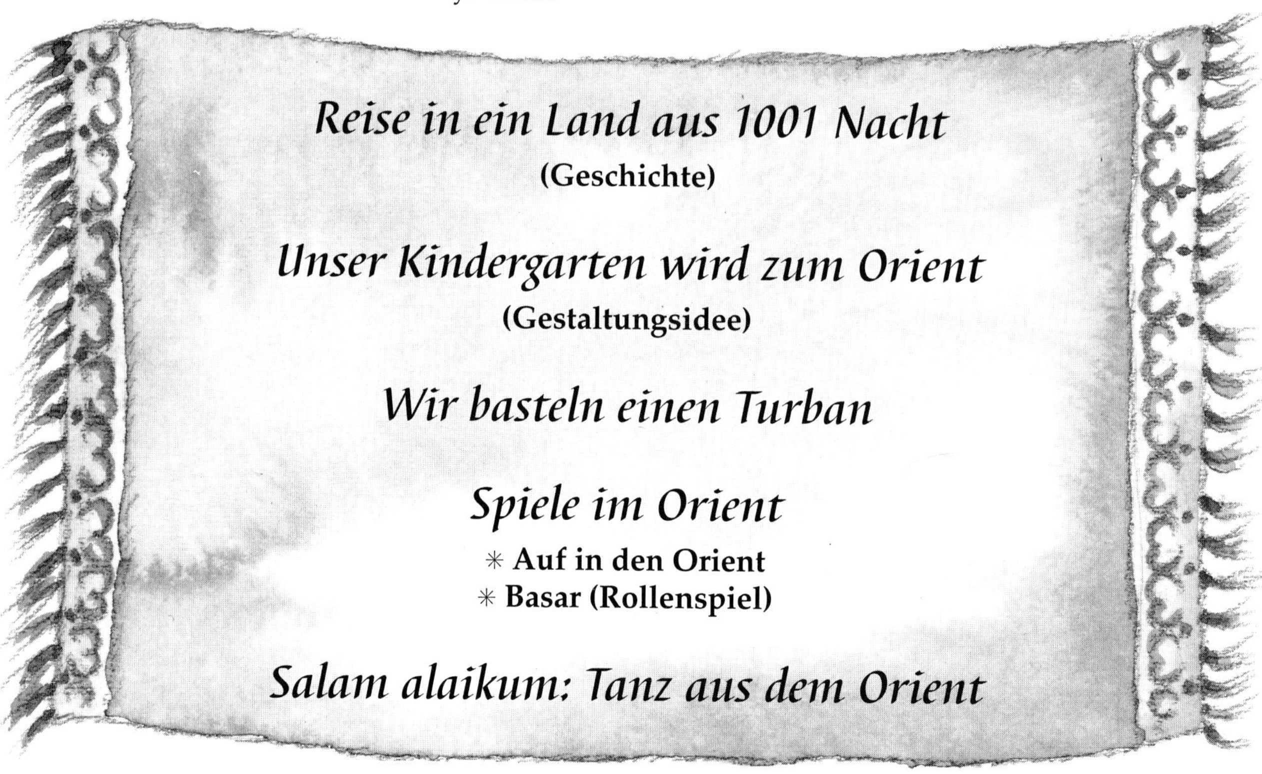

Reise in ein Land aus 1001 Nacht

„Der kleine Sultan setzte sich auf seinen fliegenden Teppich. Noch einmal winkte er zurück. Dann hob der Teppich sanft vom Boden ab, und schon bald sahen die Menschen nur noch seinen kleinen, goldenen Turban im Licht des Mondes von Ferne leuchten." Papa klappte das Buch zu. „So, ihr beiden, jetzt ist es aber Zeit zum Schlafen." Er beugte sich vor und gab Laura und Jan einen Kuß. Dann knipste er das Licht aus und ging aus dem Zimmer. Nach einer Weile flüsterte Laura: „Du, Jan? Schläfst du schon?"

Sie lehnte sich über den Bettrand und lugte hinunter.

Jan lag unter ihr im Etagenbett und hatte die Augen geschlossen. Aber er schlief nicht. Das merkte Laura sofort, weil er ein bißchen grinste. Schnell kletterte Laura hinunter und kroch zu ihm ins Bett. Laura und Jan schliefen oft zusammen in einem Bett, denn dann konnten sie noch ein bißchen miteinander flüstern.

„He, mach dich nicht so breit!" brummte Jan schläfrig.

Laura rückte ein Stück weiter an den Rand des Bettes.

„Glaubst du, wir könnten auch auf so einem Teppich fliegen?" fragte sie nun.

„Quatsch. Das gibt's doch nur im Märchen", antwortete Jan. „Und jetzt laß mich schlafen. Ich bin so müde." Er gähnte, drehte sich zur Seite, und schon bald hörte Laura ihn ruhig und gleichmäßig atmen.

'Ach, wenn ich doch einmal auf einem Teppich mitfliegen könnte!' dachte Laura. Doch dann war auch sie eingeschlafen.

Tok, tok, tok. Laura reckte sich schläfrig.

Nanu, hatte da nicht jemand geklopft?

Tok, tok, tok. Sie öffnete die Augen setzte sich im Bett auf. Da klopfte doch jemand ans Fenster.

Laura knipste das Licht über dem Bett an.

Da sah sie vor dem Fenster den kleinen Sultan. Er lächelte ihr durch die Scheibe freundlich zu.

„Jan, Jan, schnell, wach auf! Der Sultan ist da!" Verschlafen richtete Jan sich auf.

„So wach doch auf! Da draußen vor dem Fenster, sieh' nur!" Tatsächlich! Jan traute seinen Augen nicht. Aber wie kam der Sultan nur dorthin? Sie wohnten doch im ersten Stock.

Laura war schon aus dem Bett heraus und öffnete das Fenster. Schnell sprang Jan hinter ihr her.

„Hallo Laura, hallo Jan", hörten sie jetzt die freundliche Stimme des Sultans. „Ich wollte euch abholen zu einer kleinen Flugreise. Na, was ist, ihr habt euch doch gewünscht, einmal mit mir zu fliegen, oder nicht?"

Laura fand als erste ihre Sprache wieder.

„Aber wie kommst du denn hierher? Dich gibt's doch nur im Märchen!"

„Wenn man sich etwas richtig wünscht, können auch Märchen wahr werden, weißt du das denn nicht?" antwortete der Sultan.

„Also los, steigt vorsichtig auf und setzt euch zu mir. Ich zeige euch meinen Palast. Ihr braucht euch nicht zu fürchten, ich bringe euch später wieder zurück."

Jan und Laura sahen sich ängstlich an. Sollten sie mit ihm fliegen?

Doch dann faßte Laura Jan bei der Hand und zog ihn mit sich auf den Teppich. Vorsichtig setzten sie sich neben den Sultan.

Hui, schon sauste der Teppich los. Bald waren sie hoch oben in den Wolken. In der mondhellen Nacht sah alles ganz klein aus. Die Häuser und Bäume, die Berge und Seen, alles war so winzig wie das Spielzeug in ihrem Kinderzimmer.

Jan und Laura hielten sich noch immer bei den Händen. Aber Angst hatten sie keine mehr. Oh, war das herrlich zu fliegen!
Nach einer Weile erreichten sie ein großes Gebirge, und gleich dahinter tauchte eine Stadt unter ihnen auf. Mitten in der Stadt erblickten sie die goldenen Türme eines riesigen Palastes.
„Dort wohne ich", sagte der Sultan und zeigte hinunter auf den Palast.
„Haltet euch gut fest, gleich landen wir!" Und schon sausten sie auf den Palast zu. Der Sultan murmelte etwas, das sich anhörte wie ein Zauberspruch. Der Teppich flog sofort etwas langsamer und setzte schließlich sanft in einem großen Innenhof auf .
Viele Menschen kamen angerannt und umringten sie staunend.
Sie trugen bunte Gewänder, die herrlich glitzerten und bis zum Boden reichten. Die Frauen hatten ihre Gesichter hinter Schleiern versteckt. Die Männer trugen, genau wie der kleine Sultan, auf ihren Köpfen Turbane. Auch die meisten Kinder trugen Turbane auf dem Kopf.
Laura und Jan blickten sich staunend um. So etwas hatten sie noch nie gesehen.
„Salam aleikum!" riefen die fremden Kinder ihnen zu. Dabei verbeugten sie sich mit vor der Brust gekreuzten Händen.
Laura und Jan schauten sich an, verbeugten sich ebenfalls und sagten: „Salami allo!" Na ja, so ganz richtig war das wohl nicht, aber alle waren fröhlich und lächelten ihnen freundlich zu.
„Das hier sind meine Geschwister", sagte der kleine Sultan und deutete auf die anderen Kinder.
„So viele Geschwister!" rief Laura überrascht. „Das sind ja fast so viele wie in unserer Kindergartengruppe!"
Der Sultan lachte: „Ja, mein Vater hat mehrere Frauen, deshalb sind wir so viele. Aber nun kommt. Ich zeige Euch unseren Palast."
Dann führte er die beiden durch viele wunderschöne Räume. Jan und Laura kamen aus dem Staunen nicht mehr heraus. Was es dort alles zu sehen gab: Alle Zimmer waren riesengroß und mit herrlichen Teppichen ausgelegt. Türen und Säulen waren goldverziert, und alles sah so gemütlich und bunt aus.

„Kommt!“ rief der kleine Sultan, als sie wieder am Springbrunnen im Innenhof waren. „Wir wollen euch jetzt zeigen, wie man bei uns tanzt.“ Und schon begannen er und seine Geschwister, sich zu einer fremdartigen Musik zu bewegen. Zuerst fanden Laura und Jan das sehr lustig und schauten nur zu. Doch schon bald waren sie mittendrin und machten einfach mit. Dann war der Tanz zu Ende.
„Ich glaube, ich bringe euch jetzt lieber nach Hause“, sagte der kleine Sultan. „Es ist schon sehr spät.“
Die Kinder setzten sich wieder neben ihn auf den Teppich und winkten noch ein letztes Mal ihren neuen Freunden zu.
Dann erhob sich der Teppich erneut in die Lüfte und bald waren der Palast und die Stadt tief unter ihnen. Wieder ging es über Berge und Seen, durch Täler und über Wälder hinweg.
Erst jetzt merkten Jan und Laura, wie müde sie waren. Schläfrig kuschelten sie sich aneinander.
„Schlaft ruhig ein bißchen“, sagte der Sultan und lächelte freundlich zu ihnen hinüber. „Ich bringe euch sicher nach Hause.“
„Laura, Jan, aufstehen! Es ist schon spät!“ hörten sie da plötzlich eine Stimme neben sich.
Nanu, war das nicht der keine Sultan? Schläfrig öffnete Laura die Augen. Da stand Papa neben dem Bett. Müde rieb Laura sich die Augen. Doch dann fiel ihr plötzlich der kleine Sultan wieder ein.
„Papa, ich habe was ganz Schönes erlebt!“ rief sie aufgeregt.
„Heute nacht bin ich wirklich auf einem Teppich geflogen. Genauso wie in der Geschichte, die du gestern abend vorgelesen hast. Und Jan ist mitgeflogen.“
„Tja“, lächelte Papa. „Wenn man sich etwas wirklich wünscht, können Träume manchmal in Erfüllung gehen.“
„Das hat der kleine Sultan auch gesagt“, rief Jan, der ebenfalls aufgewacht war. Und dann erzählten die beiden, was sie alles erlebt hatten.

Unser Kindergarten wird zum Orient

Auch der Kindergartenraum läßt sich sehr einfach zum Thema „Orient" umgestalten. Mit bunten (evtl. mit Lurex durchwirkten) Tüchern und Stoffresten werden die Decken zu einem Baldachin abgehängt oder auch die Wände behängt. Der Raum kann etwas abgedunkelt werden. Den Kaufladen verwandeln wir in einen orientalischen Basar. Murmeln, goldene Taler aus der Weihnachtszeit, kleine, glitzernde Gegenstände, Omas alte Perlenkette, goldene Vasen und was man noch so alles zu Hause findet, füllen schon bald die Regale auf dem Basar.
In Geschenkläden können Kleinigkeiten wie Glassteinchen, kleine Glaspyramiden etc. gekauft werden. Eine Sammelaktion im Kindergarten bringt bestimmt schnell vielerlei Schätze zusammen. Die Sitz- und Spielecken können ebenfalls mit Tüchern behangen werden. Alte Teppiche und Teppichreste bedecken den Boden. Vielleicht finden sich auch Eltern, die zu Hause noch Kleidungsstücke haben, die sich für Kostüme aus dem Orient eignen.

In der Zeit, in der der Kindergarten zum Orient wird, ist es auch schön, sich morgens mit dem orientalischen Gruß zu begrüßen. Wie in dem Tanz werden dazu die Hände über Kreuz vor die Brust gelegt und wir verbeugen uns mit den Worten „Salam alaikum" voreinander.
Auch ein orientalisches Mittagessen oder ein Frühstück mit ausgefallenen Obstsorten (natürlich auf Kissen auf dem Boden sitzend im Schneidersitz) machen den Ausflug in den Orient zu einem echten Erlebnis.

Wir basteln einen Turban

Material: pro Turban ca. 1 qm Stoff in bunten Farben, Nadel, Faden, Füllwatte, etwas feste Pappe, evtl. Glasperlen und bunte Federn

Für einen Turban schneidet man zunächst ein Stück bunten Stoff (Länge: ca. 1 m) auf eine Breite von 45 cm zu (siehe Skizze 1).
Dieses Stück legt man auf links zusammen und näht es mit der Nähmaschine an der Längsseite zu. Man hat nun einen langen Schlauch. Diesen dreht man wieder auf rechts und macht in das eine Ende einen Knoten in den Stoff. Nun muß man diesen Schlauch fest mit Füllwatte stopfen. Man legt den Turbanreifen um den Kopf und paßt ihn dem Kopfumfang an. Den überschüssigen Stoff schneidet man ab. (Achtung: Etwas Stoff für den Knoten dazugeben!) Dann wird der eine Knoten wieder geöffnet und die beiden Enden des Stoffschlauches werden zusammengeknotet. Der Reifen für den Turban ist jetzt fertig. Da der Knoten beim Turban vorne sitzt, sollte man das Stoffende etwas nach innen schlagen und mit Nadel und Faden festnähen, so daß man es nicht mehr sieht (siehe Skizze 2).
Für die Spitze des Turbans wird ein Stück Pappe (Höhe: ca. 15 cm) in das innere Loch eingepaßt und verklebt (siehe Skizze 3).
Auch die Spitze muß mit Füllwatte ausgestopft werden. Im Innern des Turbans wird dann ein rundes Stück Stoff eingepaßt und mit der Hand angenäht. Ebenso macht man es für den Deckel der Spitze.

Das Stück Pappe wird zum Schluß noch mit dem restlichen Stoff beklebt. Besonders schön ist es, vorne auf den Knoten einige Perlen (oder gar einen Smaragd) sowie ein paar Federn zu nähen. Diese Materialien gibt es in Bastelgeschäften.

Hinweis: Für kleinere Kinder ist es natürlich zu schwierig, den Turban zu basteln. Dies ist aber eine schöne Idee für einen Eltern-Kind-Bastelnachmittag.

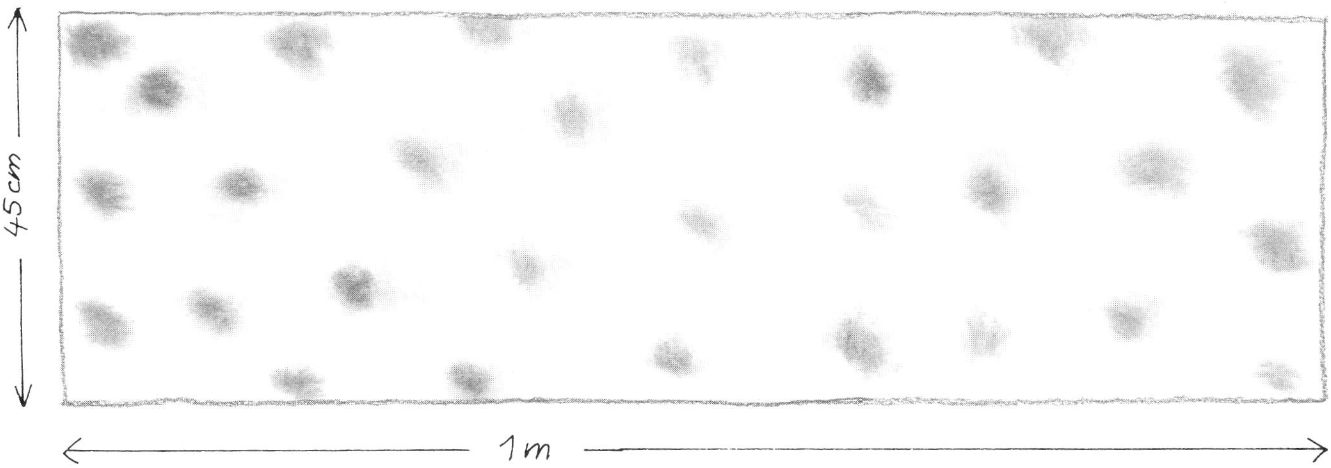

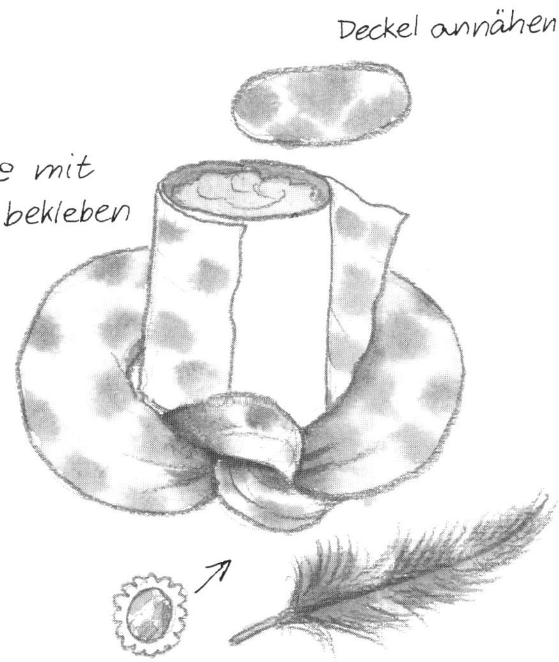

Spiele im Orient

Auf in den Orient!

Material: pro Kind eine Teppichfliese oder ein kleines Handtuch als fliegenden Teppich, ein paar Murmeln oder glitzernde Steinchen

Jedes Kind erhält eine Teppichfliese oder ein Handtuch. Besonders schön ist es, wenn die Kinder sich mit Tüchern, Schleiern, den selbstgebastelten Turbanen und anderen Materialien orientalisch verkleiden. Nun kann es losgehen!

„Achtung! Wir starten zu einer abenteuerlichen Reise in den Orient", ruft die Spielleitung.

Die Kinder legen ihre Teppichfliesen auf den Boden, setzen sich darauf und fassen ihren kleinen flie-genden Teppich am Rand fest. Mit einem geheimnisvollen Zauberspruch beginnt die Reise, und alle Teppiche erheben sich vom Boden. Die Kinder fliegen kreuz und quer durch den Raum und halten ihren Teppich dabei unter dem Po fest.

„Seht mal, dort unten ist ja schon das große Meer zu sehen!" ruft die Spielleitung. Bald erreichen die Reisenden das Gebirge, und alle gleiten vorsichtig zwischen den Bergwipfeln hindurch. In der Wüste wird es sehr heiß, und die Kinder setzen zu einer Zwischenlandung in der Oase an. Durstig robben sie über den Boden und erfrischen sich an der kühlen Wasserstelle.

Weiter geht die Reise, bis unten die ersten Türme eines großen Palastes erscheinen. Dort werden alle zu einem herrlichen Fest eingeladen, bei dem viele süße, exotische Früchte gekostet werden dürfen. Auf einem Basar bewundern die Reisenden all die Kostbarkeiten, die dort zum Verkauf geboten werden. Die Kinder handeln und feilschen und tauschen untereinander ihre erworbenen Schätze.

Wohin die fliegenden Teppiche die kleinen Reisenden noch entführen, ist ganz von der Phantasie der Spielleitung und der Kinder abhängig.

Denn der Orient hält sicherlich noch tausendundein Abenteuer für uns bereit!

Basar (Spiel für ältere Kinder)

Material: Murmeln, Steinchen oder Goldtaler

Die Menschen im Orient kaufen nichts, ohne vorher über den Gegenstand gehandelt zu haben. Um dies nachzuspielen, eignet sich der umgestaltete Kaufladen. Als Zahlungsmittel dienen Murmeln, Steinchen oder Goldtaler. Die Spielleitung führt vor, wie im Orient gehandelt wird. Eventuell können zwei Erwachsene einen Handel vorführen, der z. B. folgendermaßen abläuft:

Verkäufer: Dieses Gewand kostet 10 Goldtaler.

Käufer: Willst du mich arm machen? Ich gebe dir 5 und du hast noch ein gutes Geschäft gemacht.

Verkäufer: Ich habe 7 Kinder zu ernähren, und schau dir nur diesen edlen Stoff an. Ich gebe es dir für 7 Goldtaler.

So geht das weiter, bis die beiden sich geeinigt haben.
Danach üben die Kinder das Handeln. Ein Kind wählt einen Gegenstand aus dem Kaufladen, den es gerne für seine Taler oder Murmeln erwerben möchte. Dann geht der Handel los. Die Spielleitung kann den Kindern noch zur Seite stehen und der einen oder anderen Partei etwas helfen. Dieses Spiel wird so oft wiederholt, bis alle, die möchten, einmal Verkäufer oder Käufer waren.

Salam alaikum: Tanz aus dem Orient

Es empfiehlt sich, die einzelnen Tanzbewegungen und -schritte vorher mit den Kindern zu üben. Dieser Kreistanz besteht aus zwei Teilen, Teil A wiederholt sich zweimal, Teil B einmal.

Teil A:
Bei Musikstart stehen die Kinder im Kreis und beginnen mit dem Begrüßungsritual: beide Hände flach gekreuzt auf die Brust legen und den Kopf zum Gruß senken. Dabei verbeugen sich die Kinder zuerst nach rechts, dann zur Mitte, nach links und wieder zur Mitte. Das wird so lange wiederholt, bis der Musikteil zu Ende ist.

Teil B:
Alle fassen sich an die Hände und gehen 8 Schritte nach rechts, bei 8 bleiben sie stehen.
Die Kinder lösen die Handfassung und tanzen zwei Bauchkreise rechts herum (dazu zählt die Spielleitung für jeden Bauchkreis bis 4 im Takt mit).
Wieder fassen sich alle an den Händen und gehen 8 Schritte nach links, bei 8 bleiben sie wieder stehen und tanzen diesmal zwei Bauchkreise nach links.
Dies alles wird einmal wiederholt.

Wiederholung Teil A

Wiederholung Teil B

Wiederholung Teil A als Abschluß des Tanzes

Eine Seefahrt, die ist lustig!

Es gibt unzählige Lieder von der Seefahrt und vom Reisen auf dem Wasser. Ein Tanz auf dem Schiff war uns nicht bekannt. In diesem Fall war zuerst die Tanzidee vorhanden. Gerade die schaukelartigen Bewegungen eines wankenden Schiffes passen unserer Ansicht nach gut zu dem kindlichen Bewegungsbedürfnis nach Schwingen, Schaukeln und Pendeln.

Somit beginnt auch dieses Thema mit einer alten mündlich überlieferten Mitspielgeschichte, bei der ein Schiff aus Papier während einer Reise in einen heftigen Sturm gerät. Mit den zu bauenden großen Pappschiffen können durch spielerisches Handeln wiederum die Schaukelbewegungen probiert werden. Die Fachbegriffe von der Seefahrt sollten während der Beschäftigung mit diesem Thema immer wieder ins Spiel gebracht werden, so wissen nach einigen Spielphasen auch schon die Jüngsten, daß sie sich an der „Reling" festhalten können.

Eine Seefahrt, die ist lustig!

„Kennst du schon die Geschichte von dem kleinen Schiff, das in einen Sturm kommt und untergeht? – Nein?
Ich will sie dir erzählen, doch zuerst mußt du dir aus einem Bogen Zeitungspapier ein Schiff falten. Klappt es mit dem Falten nicht so gut, laß dir von einem großen Menschen helfen. Wenn dein Schiff fertig ist, kann die Reise losgehen."

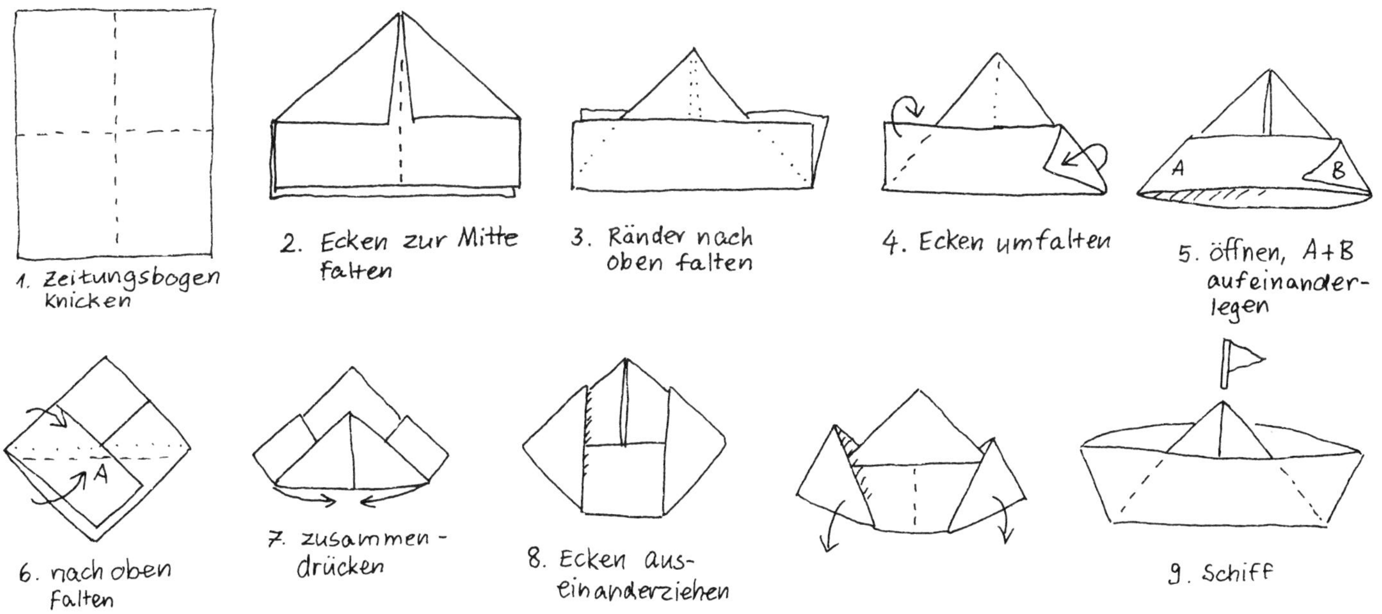

„Es war einmal ein kleines Schiff, das machte sich an einem Montag auf eine lange Reise. Es fuhr ganz ruhig aus dem Hafenbecken heraus, entfernte sich immer weiter von den letzten Kaimauern und schaukelte dann gemächlich auf das weite Meer hinaus."
(Alle halten ihr Schiff an Bug (= Spitze) und Heck (= Ende) mit den Händen fest, zuerst ganz ruhig, dann mit leichten Schaukelbewegungen.)
„Die Sonne schien, die Kursrichtung stimmte, und es wehte nur ein mittelmäßiger Wind, so etwa Windstärke 5. Der Kapitän des kleinen Schiffes war zufrieden.
So vergingen fünf Tage bei ruhiger Fahrt und Sonnenschein. Am sechsten Tag , es müßte ein Samstag gewesen sein, schaukelte das kleine Schiff durch den wilden Ozean Samsalulubaja. Es bewegte sich schon viel stärker in den Wellen hin und her."
(Das Schiff etwas stärker schaukeln.)
„Plötzlich wurde der Himmel ganz dunkel, Regen prasselte los, und der Wind wurde zu einem Sturm. Er blies so heftig, daß er das Schiff ganz nah an eine Insel mit scharfkantigen Felsen trieb."
(Das Schiff noch stärker schaukeln.)
„Jetzt wurde das Schiff von den meterhohen Wellen wild hin und hergeschaukelt. Das Steuer war kaum noch zu halten. Das Schiff schaukelte auf und ab, auf und ab, bis es schließlich – so ein Pech – an einen Felsen stieß und die Spitze abbrach. Oooooh!"
(Mit einer Seite des Papierschiffes einen Stoß andeuten und ein Stück vom Bug abreißen.)
„Wie sollte das Schiff bloß weitergesteuert werden? Der Sturm blies ohne Pause meterhohe Wellen heran. Noch einmal schlug das Schiff an die scharfen Felsen und – so ein Pech! – das Ende brach ab. Oooooh!"

(Mit der anderen Seite des Papierschiffes einen Stoß andeuten und ein Stück vom Heck abreißen.)
„Nun drehte sich das Schiff in den Wellen immer rundherum und konnte überhaupt nicht mehr gesteuert werden. Bei der nächsten Welle fiel es um und – oje! – der Mast brach ab. Ooooooh!"
(Das Papierschiff heftig hin und her drehen, auf die Seite legen und einen Stoß vor die Insel andeuten. Jetzt ein Stück der Spitze abreißen.)
„Das kleine Schiff schlingerte in dem tobenden Wasser noch etwas hin und her und versank dann im tiefen Meer."
(Das Schiff auf den Boden fallen lassen.)
„So ein trauriges Ende, meinst du? Meine Geschichte ist aber noch nicht fertig: Als sich am nächsten Tag der Sturm gelegt hatte, wurde ein Taucher von der Insel mit dem scharfkantigen Felsen ins Meer geschickt, um nach dem Schiff zu suchen. Er sprang ins Wasser und suchte ..."
(Mit einer Hand Taucher andeuten, der ins Wasser springt und hin und her im Meer nach dem Schiff sucht.)
„Nach ungefähr 20 Minuten tauchte er auf, und was hatte er gefunden?
Ja, hier ist es: das T-Shirt vom Kapitän. Du kannst es gleich anziehen."
(Das Zeitungsblatt auseinanderfalten und das T-Shirt anziehen.)

Wir bauen uns ein Schiff

Material: große Kartons auseinandergeschnitten, Papiermesser, Hefter, Fingerfarben, Kreppapierbänder, Tesa-Krepp

Aus den Kartons werden jeweils zwei Seitenansichten von Schiffen geschnitten, vorn und hinten zusammengeklebt oder geheftet. Anschließend können die Kinder das Schiff bemalen und dekorieren. Ein Seitenteil sollte so lang sein, daß drei Kinder darin Platz haben. Die Kinder stehen hintereinander in dem Schiff und halten beide Seiten des Schiffes mit ihren Händen fest.

Spiele für kleine Seeleute

Backbord, Steuerbord, Bug und Heck

Material: eine Glocke, Pappschiffe

Zunächst wird anhand der Schiffe die Bedeutung der vier Begriffe geklärt:

Backbord = linke Schiffsseite, von hinten gesehen

Steuerbord = rechte Seite

Bug = Spitze

Heck = Ende

(möglichst beim Bemalen des Schiffes verschiedenfarbig kennzeichnen)

Jeweils drei Kinder fahren mit einem gebastelten Schiff (siehe Bastelanleitung) übers Meer. Alle singen dazu (z. B. „Eine Seefahrt, die ist lustig"). Auch die Musik zum „Tanz auf dem Schiff" kann für dieses Spiel verwendet werden.
Ist die Strophe zu Ende bzw. wird die Musik gestoppt, ruft die Spielleitung: „Heck!" und klingelt mit einer Glocke.
Auf dieses Zeichen treffen zwei Schiffe mit ihrem Ende zusammen, und die Kinder, die am Ende des Schiffes stehen, tauschen miteinander die Plätze. Die Glocke sollte solange geläutet werden, bis alle Tauschaktionen beendet sind.
Dann schaukeln die Seefahrer weiter übers Meer.
Heißt es in der nächsten Runde: „Steuerbord!", so treffen sich jeweils zwei Schiffe mit ihrer rechten Seite und die Kinder, die in der Mitte stehen, wechseln die Plätze.
Ist die Zahl der Kinder nicht durch drei teilbar, so fahren jeweils zwei Kinder auf einem Schiff. Die Spielleitung ruft dann bei Unterbrechung nur „Bug" oder „Heck".

„Ich hab' eine Insel entdeckt ..."

Material: umgedrehter Tisch, Papprollen, Versandrollen, Küchenpapierrollen o. ä.

Die Kinder drehen sich einen Tisch um und schaffen sich so ein Schiff zum Einsteigen. Eventuell können noch von Tischbein zu Tischbein Seile geknotet werden, damit auch eine Reling vorhanden ist. Nun schauen sie mit ihren Fernrohren (= Papprollen) übers Meer und suchen Inseln.
Wer etwas Blaues trägt, beginnt:
„Ich hab eine Insel entdeckt, und die ist gelb, klein, eckig ..." Nun suchen die anderen Mitspieler mit ihren Fernrohren nach dieser Insel. Hat jemand die richtige Insel gefunden (= Gegenstand im Raum), ist ein anderes Kind dran.

Wir wanken über das Schiff

Dieses Spiel ist eine Vorbereitung für den „Tanz auf dem Schiff". Da es sich bei dem Tanz insbesondere um schaukelnde Bewegungen handelt, können die Kinder dies bei den folgenden Spielvorschlägen ein wenig üben.
Hierzu kann bereits die Musik des folgenden Tanzes benutzt werden.

* allein am Platz auf der Stelle schaukeln; vor, zurück und seitwärts
* zu zweit, beide Hände fassend, gegenüberstehen; die Füße sind geschlossen; dann schaukeln; auch vor, zurück und seitwärts
* zu zweit nebeneinander Schulter an Schulter stehend schaukeln
* Schattenschaukeln: ein Kind geht schaukelnd vier Schritte, bleibt stehen und dreht sich um. Ein zweites Kind ahmt genau die vier Schaukelschritte nach und stellt sich dann vor das erste Kind. Anschließend geht es anders herum.
* In einer nächsten Probierphase sollte das Schattenschaukeln zeitgleich erfolgen. Ein Kind bewegt sich schaukelnd vorwärts, der Schatten ahmt nach. Gibt die Spielleitung ein Zeichen, so erfolgt ein Rollenwechsel.
* Schattenschlangen bilden: Ein Schattenpaar schließt sich an ein weiteres an. Nun laufen mehrere Schattenschlangen mit je vier Kindern durch den Raum. Auf ein Zeichen der Spielleitung läuft das erste Kind der Schattenschlange ans Ende und schließt sich an. Alle sollten einmal die Schattenschlange mit einem Schaukelgang anführen können.

Auf hoher See

Tanz auf dem Schiff

Material: Zauberschnur oder langes Seil, zusammengeknotet (alle müssen Platz zum Anfassen haben)

Einleitung:
Alle halten mit beiden Händen das Seil oder die Zauberschnur fest. Das Seil (die Schnur) bildet die Schiffsgrundfläche (oval). Zur Orientierung können Tesa-Kreppstreifen auf den Boden geklebt werden.

Teil A:
Die Kinder schaukeln im Dreivierteltakt der Musik nach rechts und links (8 Takte).
Dann drehen sich alle nach rechts, fassen nur noch mit der linken Hand an das Seil und schaukeln mit dem Körper nach vorn und hinten (8 Takte).
Jetzt schauen alle wieder auf das Schiff und fassen mit beiden Händen das Seil an und schaukeln ebenso von vorn nach hinten (8 Takte).

Teil B:
Zwei Kinder, die am Bug (Spitze des Schiffs, vorher festlegen) stehen, gehen innerhalb des Seils, also auf dem Schiffsboden, und müssen zum Heck (Ende des Schiffs) wanken: möglichst breitbeinig und an den Händen festhaltend über das mächtig schaukelnde Schiff gehen. Währenddessen halten alle das Seil (die Reling) gut fest und versuchen, die hin- und herschaukelnden Kinder zurückzustubsen. Die beiden, die über das Schiff wanken, können sich rechts und links an der Reling abstützen und ruhig einmal anecken.
Am Heck angekommen, sollen die beiden wieder am Seil Platz nehmen und alle müssen ein wenig aufrücken.

Der Tanz hat vier Durchgänge.

Feuer, Wasser, Erde, Luft

Die vier Grundelemente Feuer, Wasser, Erde und Luft begegnen uns immer wieder in unserem ganzen Leben. Sie sind Natur und Energie, und sie haben alle spezielle Eigenschaften. In diesem Kapitel wollen wir auf eine erlebnisreiche Weise diese Grundenergien erforschen. Mit allen Sinnen und dem ganzen eigenen Körper können hier die vier Elemente in ihren Grundeigenschaften gespürt und erlebt werden.

Die vier Kapitel zu den Elementen beinhalten ganz unterschiedliche Ideen: Es wird eingeladen zum Erspüren und Wahrnehmen, zum Experimentieren und Erforschen, zum Imitieren und Darstellen. Die einleitende Spielgeschichte bietet für Kinder einen leichten Einstieg in das Thema und verdeutlicht in einfacher Form die unterschiedlichen Charaktere der Elemente.

Ein Ausflug zum See

(Mitspielgeschichte)

Das Element „Feuer“

Experimente mit dem Feuer ✳ Feuer und Flamme (Bewegungsspiel mit Musik) ✳ Feuertanz

Das Element „Wasser“

Wassermusik ✳ Farbgläser
✳ Kostüme für Wassergeister ✳ Spiele für Wassergeister
✳ Tanz der Wassergeister

Das Element „Erde“

✳ Fußspuren ✳ Wo ist mein Fuß?
✳ Erdlandschaften
✳ Fußkontakt
✳ Einführende Übungen zum Tanz ✳ Erdentanz

Das Element „Luft“

✳ Luftige Spiele für groß und klein
✳ Tanz der Windräder

Ein Ausflug zum See

Für diese Spielgeschichte werden vier Tiere benötigt, die in Verbindung mit den vier Elementen Feuer, Erde, Wasser und Luft stehen. Die Tiere können aus Knete, Fimo oder Knetwachs von der Spielleitung modelliert werden. Wer im Kneten nicht so geübt ist, kann auch die Bildkarten zu den Tieren, die im Anhang des Buches zu finden sind, verwenden. Diese werden fotokopiert, ausgeschnitten und auf feste Pappe geklebt. Anschließend sollten die Tiere noch bunt ausgemalt werden.
Während die Spielleitung die nun folgende Geschichte den Kindern erzählt, werden die Tierkarten bei jedem Tier, das in Aktion tritt, hochgehalten. Schöner ist es jedoch, die Tiere selbst zu formen. Sie müssen ja nicht perfekt werden.

Feuer: Salamander
Erde: Regenwurm oder Maulwurf
Wasser: Frosch oder Fisch
Luft: Vogel

Die Tiere treten entsprechend dem Verlauf der Geschichte mit den Kindern und auch untereinander in Kontakt. Sie werden dabei von der Spielleitung bewegt. Ebenso läßt die Spielleitung die Tiere mit ihrer Stimme lebendig werden. Damit die Geschichte flüssig und spannend vorgetragen werden kann, sollte die Spielleitung sie sich vorher einige Male durchlesen und einprägen. Natürlich kann die Geschichte jederzeit verändert, erweitert oder gekürzt werden.

In der Mitte des Stuhlkreises breitet die Spielleitung ein blaues Tuch aus. Es stellt einen kleinen See dar. Die Kinder nehmen im Kreis um den See herum Platz. Die Spielleitung beginnt zu erzählen:
„Heute wollen wir einen kleinen Ausflug zum See machen (die Spielleitung zeigt auf das blaue Tuch in der Mitte). Dort leben viele Tiere.
Seht mal, da vorne kommt ja gerade Friedolin, der kleine Fisch, angeschwommen. Guten Morgen, Friedolin. Wie geht es dir heute?“
'Mir geht es prima', erzählt Friedolin. 'Das Wasser ist so schön kühl und ich habe heute morgen viele Freunde getroffen. Auch auf den Grund des Sees bin ich schon ganz früh geschwommen und habe mich etwas im Schlamm gewälzt. Das hat viel Spaß gemacht.'
„Oh, schaut nur, Kinder“, ruft die Spielleitung plötzlich. „Dort sitzt ja ein Feuersalamander auf dem Stein.“ Die Spielleitung setzt sich den Salamander auf die Hand.
'Guten Tag', stellt sich der Salamander den Kindern vor. 'Heute ist ein herrlicher Tag, findet ihr nicht auch? Die Sonne scheint mir schön auf die Haut. So habe ich es am liebsten. Da bin ich doch tatsächlich ein wenig eingeschlummert auf meinem Stein.'
Nun meldet sich Friedolin, der Fisch, aus dem Wasser wieder zu Wort.
'Nein, das wäre nichts für mich, so in der Sonne zu liegen und zu schwitzen. Mir ist das kühle Wasser lieber.' Übermütig springt er aus dem Wasser hoch und taucht dann tief unter.
'Nanu, was ist denn hier los?' hört man plötzlich eine piepsige Stimme von der anderen Seite her. Ein langer Regenwurm schlängelt sich über die Erde und kommt auf den Salamander zugekrochen.
'Heute ist es aber sehr heiß', stöhnt der Regenwurm. 'Wie könnt ihr es nur bei dieser Hitze hier oben aushalten? Dort unten in der Erde ist es angenehm kühl und dunkel. Zwar ist es manchmal

recht einsam dort, wenn man sich so wie ich, tagein, tagaus, durch die Erde wühlt. Ab und zu treffe ich zwar ein paar Ameisen und Käfer und manchmal auch den alten Maulwurf. Doch heute morgen ist hier unten wirklich nichts los. Deshalb bin ich ein wenig nach oben gekrochen. Aber es ist mir doch zu heiß hier', und schon ist der Regenwurm wieder verschwunden.
'Achtung! Macht Platz da vorne. Ich komme', ertönt plötzlich eine Stimme aus der Luft.
Ein Vogel setzt zum Sturzflug an und landet am Ufer des Sees.
'Ach, ist das toll dort oben in der Luft', erzählt der Vogel den Kindern. 'Ich bin gerade ganz hoch oben am Himmel geflogen. Heute ist es nämlich prima Flugwetter, müßt ihr wissen. Von dort oben sieht alles ganz klein aus: der See, die Wälder und Häuser und auch ihr, Kinder. Habt ihr nicht Lust, euch einmal mit mir durch die Lüfte treiben zu lassen?'
Doch das können die Kinder ja leider nicht.
'Na, dann tschüs bis morgen', ruft der Vogel und erhebt sich wieder in die Lüfte.
'Ich muß jetzt erst einmal etwas frühstücken und mir ein paar Fliegen in der Luft fangen', ruft er den Kindern noch zu. Dann fliegt er weiter.
Nur der Feuersalamander liegt noch genüßlich auf seinem Stein und sonnt sich. Er scheint wieder eingeschlafen zu sein.
„Na, hier ist ja viel los", flüstert die Spielleitung. „Wie viele unterschiedliche Tiere es gibt.
Der Vogel fliegt am liebsten hoch oben in der Luft, der Salamander liegt zufrieden in der Sonne, der Fisch schwimmt im kühlen Wasser, und der Regenwurm fühlt sich tief in der Erde am wohlsten. Ich glaube, wir lassen den Salamander jetzt lieber in Ruhe weiterschlafen. Wir können ja morgen wieder zum See gehen. Vielleicht treffen wir dann ein paar andere Tiere", schlägt die Spielleitung vor. Natürlich, das wollen die Kinder gerne.

Das Element Feuer

Experimente mit dem Feuer

Feuer übt in der Regel auf Kinder und sicher auch auf viele Erwachsene eine große Faszination aus.
Daher ist es zum Einstieg in das Thema „Feuer“ sehr schön, mit den Kindern gemeinsam ein Lagerfeuer zu entzünden. Hierbei können die Kinder die Flammen beobachten und unter Aufsicht mit dem Feuer experimentieren. Auch das Zusammenspiel der verschiedenen Elemente kann beobachtet werden, wenn die Kinder z.B. mit dem Blasebalg oder durch Pusten das Feuer anfachen und es am Ende mit Wasser löschen.
Später erzählen die Kinder in einer gemeinsamen Abschlußrunde, was sie alles erlebt und beobachtet haben. Fragen der Spielleitung sind dabei zum Einstieg ganz hilfreich:

✳ Welche Geräusche macht das Feuer?
✳ Was macht das Feuer noch? (es wärmt, es verbrennt und vernichtet, es spendet Licht usw.).
✳ Habt ihr etwas gerochen?

Innerhalb geschlossener Räume können die Kinder auch mit Kerzenflammen experimentieren, z. B. mit Strohhalmen die Kerze auspusten, mit Papier Luft zufächern oder die Kerze damit auspusten, mit Blumenspritzflaschen die Kerze löschen usw.
Reizvoll ist es auch, die Geräusche des Feuers nachzuahmen. Das Knistern des Feuers kann z. B. durch Papierzerknittern und -rascheln dargestellt werden, durch Aneinanderreiben der Handflächen, mit Sprache etc.

Feuer und Flamme

Für das folgende Bewegungsspiel ist es schön, wenn die Kinder sich orange-rot kleiden, da das die hauptsächlichen Farben des Feuers sind.

Die Kinder sollen bei diesem Spiel selbst das Feuer sein, d.h. die Bewegungen des Feuers nachahmen. Die Musik „Feuer und Flamme“ (MC/CD: „Tänze für 1001 Nacht“) schwillt langsam an, steigert sich bis zu einem Höhepunkt und schwillt dann langsam wieder ab.

Spielverlauf
Alle Kinder liegen auf dem Boden. Die Spielleitung geht mit einem „Streichholz“ (z.B. Zauberstab mit roter Füllung oder anderer Stab) herum und zündet nach und nach alle „Flammen“ an.
Das „angezündete Flämmchen“, also das Kind, das mit dem Zauberstab berührt worden ist, beginnt mit kleinen, züngelnden Flammenbewegungen, in dem es die Hände und Beine Richtung Decke bewegt.
Nach und nach sind nun alle kleinen Flammen in Bewegung und werden langsam größer.
Die Musik schwillt weiter an, die Bewegungen werden immer größer, so daß die Kinder sich ganz aufrichten und wie große Flammen Richtung Decke hüpfen.
Die Musik steigert sich noch mehr, und die einzelnen Flammen vereinigen sich zu einer großen Flamme. Es entsteht ein Riesenfeuer.

Auf dem Höhepunkt der Musik flackert ein riesiges Feuer in der Mitte des Raumes.
Nun wird die Musik ruhiger, und die Spielleitung erzählt, daß es zu regnen beginnt. Das Feuer wird kleiner. Die Flammen vereinzeln sich nach und nach.
Die Bewegungen der Kinder werden immer kleiner, sie gehen aus dem Stand wieder in die Hocke und dann zu Boden. Die Musik wird ganz langsam und ruhig, und es sind kaum noch Bewegungen zu sehen.
Zum Schluß liegen alle wieder ruhig auf dem Boden: Das Feuer ist gelöscht.

Feuertanz

In dem Feuertanz wollen wir das Anzünden des Feuers und die Freude über das lodernde Feuer nachahmen.

Die Spielleitung sollte vor dem Tanz alle Bewegungen einzeln mit den Kindern üben. Hier kann die Spielleitung auch noch einmal an das gemeinsame Erlebnis beim Lagerfeuer erinnern und damit den Tanz einleiten.

Die Gruppe wird in eine größere und eine kleinere Untergruppe geteilt. Die größere Gruppe bildet einen Kreis. Die Kinder der kleineren Gruppe sind möglichst orange/rot gekleidet und haben rote und orange Stoffbänder oder Kreppapierstreifen um die Handgelenke gebunden. Sie stellen das Feuer dar und liegen in der Mitte des Kreises.

Einleitung:
Die Tänzerinnen und Tänzer der größeren Gruppe stehen im äußeren Kreis und ahmen das Frieren nach. Sie reiben sich die Hände, schlottern und zittern. Der andere Teil der Gruppe liegt am Boden in der Mitte, als Feuer verkleidet.

Teil A:
Von dem Äußeren des Kreises wird nun Holz in die Mitte geholt. Dazu drehen die Kinder sich mit einer Vierteldrehung nach links und holen imaginär von ihrer linken Seite vom Boden das Holz. Sie heben alle gleichzeitig das Holz pantomimisch mit einer erneuten Vierteldrehung in die Mitte. Dort schichten sie so gemeinsam einen großen Holzhaufen auf.

Teil B:
Die „Feuermacher" drehen sich zur Mitte und halten ihren Daumen unten an den Holzhaufen und entzünden somit das Feuer.
Das Feuer ist entfacht. Mit erhobenen Armen gehen die Kinder auf die Kreislinie zurück.
Jetzt beginnen die kleinen Flammen in der Mitte zu züngeln, dort bewegen die Kinder ihre Hände und Arme.

Teil C:
Das Feuer brennt nun in der Mitte. Die Kinder im äußeren Kreis haken sich ein und gehen um das Feuer herum.
Sie gehen dazu acht Seitschritte nach rechts und bleiben stehen, anschließend acht Seitschritte nach links und bleiben stehen. Das Feuer in der Mitte züngelt weiter.

Wiederholung Teil A:
Die oben genannten Bewegungen wiederholen sich. Es wird Holz nachgelegt.
Die Gruppe in der Mitte liegt wieder still (Sie können sich etwas ausruhen).

Wiederholung Teil B:
Die Kinder des äußeren Kreises kommen zur Mitte und pusten in das Feuer, um es anzufachen.
Die Arme werden wieder nach oben gestreckt, und alle gehen zurück auf die Kreislinie.
In der Mitte züngelt jetzt das Feuer erneut hoch, die Bewegungen der Kinder werden größer, bis zum Aufstehen und Hüpfen.

Wiederholung Teil C:
Die o. g. Tanzschritte wiederholen sich.
Das Feuer in der Mitte wird kleiner, die Kinder legen sich wieder hin.

Wiederholung Teil A:
Es wird Holz nachgelegt. Das Feuer in der Mitte liegt still.

Wiederholung Teil B:
Die Kinder aus dem äußeren Kreis kommen zur Mitte und reiben sich die Hände über dem wärmenden Feuer. Dann gehen sie wieder mit hochgestreckten Armen auf die Kreislinie zurück. In der Mitte züngeln gleichzeitig die Flammen.

Wiederholung Teil C

Das Element Wasser

Wasser-Musik

Material: große Wanne, Wasser, Strohhalme, Stöcke, Steine, Löffel, verschiedene Gefäße wie: Tassen, Flaschen, Gläser

1. Eine große Wanne wird mit Wasser gefüllt. Jetzt wird experimentiert, welche Geräusche und Töne Wasser erzeugen kann bzw. wie man mit Wasser Geräusche machen kann. Die Kinder erhalten Strohhalme und probieren einmal, wie es sich anhört, wenn Luft durch einen Strohhalm ins Wasser geblasen wird. Anschließend werden große und kleine Steine oder auch andere Gegenstände ins Wasser geworfen. Neue Geräusche entstehen. Rührt man mit einem Löffel im Wasser, so erzeugt man ein anderes Geräusch. Welche Wassergeräusche fallen den Kindern noch ein?

2. Verschiedene Gefäße werden mit Wasser gefüllt: Tassen, Gläser und Flaschen. Die Gefäße enthalten unterschiedlich viel Wasser. Jedes Kind bekommt einen Löffel, um die Wasserinstrumente anzuschlagen. Zunächst sollte jedes einzelne Gefäß an unterschiedlichen Stellen angeschlagen werden. Hohe und tiefe Töne entstehen. Dann kann in kleinen Gruppen oder auch in der Großgruppe ein Wassermusikstück improvisiert werden. Jedes Kind hat dazu ein oder zwei mit Wasser gefüllte Gefäße vor sich. Die Gruppe versucht, eine gemeinsame Musik herzustellen. Wird in kleinen Gruppen geprobt, so können die Kinder zum Abschluß der anderen Gruppe ihr Stück vorspielen.

Farbgläser

Material: möglichst glatte Gläser mit gut schließendem Deckel, Wasser, Speiseöl, buntes Kreppapier

Die Gläser werden zu 2/3 mit Wasser gefüllt. In das Wasser wird ein Stück Kreppapier in der gewünschten Farbe gehalten. Das Wasser färbt sich. Dann nehmen wir das Stück Kreppapier wieder heraus. Jetzt wird das Glas mit einem Drittel Speiseöl aufgefüllt. Zum Schluß muß das Glas mit einem einwandfreien Deckel gut verschlossen werden. Durch Bewegung läuft nun das Öl langsam durch das gefärbte Wasser.
Achtung: Diese Gläser sind keine Schüttelgläser! Sie müssen langsam bewegt werden, damit der Effekt, wie Öl und Wasser sich voneinander getrennt bewegen, beobachtet werden kann. Auch Glitzer oder Sternchen können in die Gläser gefüllt werden.

Kostüme für Wassergeister

Die Herstellung der Kostüme ist gleichzeitig ein Experiment mit dem Wasser.

Material: Weiße Kinderbettlaken oder andere weiße Tücher in der gleichen Größe, Kaltbatikfarben in Blau und Grün, Schüsseln und Eimer zum Färben, Gummihandschuhe.

Mit den Batikfarben werden die weißen Tücher wahlweise in Grün oder Blau gefärbt. Beachten Sie dabei die Packungsbeilage und die entsprechenden Anweisungen zum Färben.
Wenn die Tücher getrocknet sind, können sie zur Verkleidung benutzt werden. Hierzu wird das Tuch wie eine Toga um den Körper gelegt, indem es auf der einen Seite unter dem Arm angelegt und auf der anderen Seite auf der Schulter verknotet wird.

Spiele für Wassergeister

Wellenbewegungen

Das Wasser im Meer ist immer in Bewegung. Es schlägt große und kleine Wellen. Die Kinder sollen versuchen, diese Bewegungen mit ihrem eigenen Körper nachzumachen.

* Versucht einmal, mit euren Fingern und Händen Wellenbewegungen zu machen.
* Laßt diese Wellenbewegungen weiter bis in die Arme wandern und macht mit beiden Armen Wellenbewegungen.
* Probiert jetzt, mit dem ganzen Körper Wellenbewegungen zu machen. Schaut, welche Körperteile sich dazu eignen.
* Laßt uns nun versuchen, mit der gesamten Gruppe eine ganz große Wellenbewegung darzustellen. Wir fassen uns an den Händen und bilden eine Kette. Die Kette muß sich im Halbkreis aufstellen, damit die Kinder einander sehen. Das erste Kind in der Kette beginnt mit der Wellenbewegung. Es geht in die Hocke. Nach und nach schließen sich die anderen an. Ist die Welle hinten angelangt, richtet sich das letzte Kind wieder auf. Alle anderen folgen. Die Welle wandert nach vorn.

Es entsteht ein Wechsel zwischen In-die-Hocke-gehen und Sich-ganz-auf-die-Zehenspitzen-stellen. So entsteht eine große Welle, die immer in Bewegung ist.

Wasserweg

Material: pro Kind ein Wasserballon

Dieses Spiel ist eine Vorbereitung für den „Tanz der Wassergeister."
Es werden zwei Gruppen gebildet, die Gruppe der grünen Wassergeister und die der blauen.
In kleine Luftballons füllen wir Wasser und knoten sie anschließend zu. Jedes Kind erhält einen mit Wasser gefüllten Ballon.
Nun kann das Spiel beginnen: Die Kinder einer Gruppen stellen sich hintereinander in einer Reihe auf. Das Wasser muß seinen Weg vom Anfang zum Ende laufen, d.h. das Kind, das vorne in der Reihe steht, legt seinen Wasserballon vor sich auf den Boden und empfängt dann den Wasserballon des Kindes hinter sich. So werden zügig alle Wasserballons von hinten nach vorne durchgereicht. Es sollten keine Pausen entstehen, denn das Wasser läuft ja immer weiter. Beim nächsten Durchgang läuft das Wasser in die entgegengesetzte Richtung. Jetzt werden die Wasserballons von den Kindern durch die Beine weitergereicht. Das erste Kind muß zunächst einmal die jeweiligen Wasserballons wieder vom Boden aufheben und an das nächste Kind weiterreichen.
Die Kinder sollten am besten unter dieser Toga nur Badekleidung tragen, falls die Spiele etwas naß ausgehen. Jedes Kind ist also als Wassergeist verkleidet. Die Hälfte der Gruppe sind grüne und die andere Hälfte blaue Wassergeister.

Tanz der Wassergeister

Die Wassergeister haben die Aufgabe, das kostbare Gut „Wasser" zu transportieren.
Alle Tänzerinnen und Tänzer sind als Wassergeister verkleidet und haben je einen Wasserballon in den Händen. Sie stehen dabei maximal zu zehnt in einer Reihe. Sollte eine Tanzgruppe größer sein, so ist es notwendig, die Kinder in Kleingruppen einzuteilen. Für jede Gruppe stehen zwei „Brunnen" (z. B. ein Eimer oder eine größere Schüssel) im Raum verteilt zur Verfügung.

Einleitung:
Während der Einleitung wird der Wasserballon langsam von der einen Hand in die andere gelegt und wieder zurück. Dies ist eine langsame, meditative Bewegung, bei der die Wassergeister vor sich hin träumen.

Teil A:
Die Wassergeister geraten in Bewegung, weil sie das Wasser zu einem Brunnen tragen müssen.
Die Kinder halten nun ihren Wasserballon in beiden Händen vor sich wie ein kostbares Gut.
Die Spielleitung oder ein Kind führt die Schlange an. Alle schreiten langsam hintereinander zum Brunnen.
Das erste Kind steht vor dem Brunnen und legt seinen Wasserballon hinein.
Nach und nach werden, wie zuvor im Spiel eingeübt, die einzelnen Wasserballons von hinten nach vorne durchgereicht, bis alle im Brunnen liegen.

Teil B:
Die Wassergeister haben ihr Wasser abgeliefert. Sie freuen sich und hüpfen wild umher.

Wiederholung Teil A:
Der Musikwechsel ist das Zeichen, daß erneut Wasser von den Wassergeistern transportiert werden muß.
Die Kinder gehen zur Wasserstelle und nehmen je einen Wasserballon heraus. Diesmal wird der Wasserballon auf dem Kopf balanciert.
Ein Kind führt die Schlange an, die langsam zum nächsten Brunnen schreitet.
Wieder wird nach und nach das Wasser im Brunnen abgelegt.

Wiederholung Teil B

Das Element Erde

Fußspuren

Material: unterschiedliche Erde, Schuhkartons

Bei einem Spaziergang durch den nahegelegenen Park, Garten oder Wald sammeln die Kinder unterschiedliche Erde (z.B. Lehm, Mutterboden, Sand, Schlamm, Humus usw.)

In Deckel von Schuhkartons wird anschließend die Erde gefüllt, in den einen Sand, in den anderen Lehm u.s.w. (Die meisten Schuhgeschäfte sind dankbar, wenn jemand die unbenutzten Schuhkartons mit Deckel abholt. Hier können Sie sich sicher ausreichend eindecken).
Die Kinder können nun Fußabdrücke in die verschiedenen Erdarten machen und beobachten, wie sich die unterschiedlichen Materialien verhalten, z.B. ob eine Spur leicht wieder verwischt, in welchem Material sie ganz deutlich sichtbar wird und erhalten bleibt.
Außerdem ist es sehr schön, zu spüren, wie sich die verschiedenen Materialen unter den Füßen anfühlen.
Die Lehmfußspuren werden anschließend in der Sonne getrocknet. Sie erhalten dadurch eine hohe Festigkeit.

Wo ist mein Fuß?

Alle getrockneten Lehmfußspuren werden in den Schuhkartons in einer Kreisform auf dem Boden ausgelegt. Zuerst sollten die Kinder um den Kreis herumwandern, die Fußspuren betrachten und raten, welche zu ihren Füßen gehört. Haben sie eine Vermutung, dürfen sie mit ihrem Fuß testen, ob er paßt. Stimmt die Fußspur nicht, so müssen die Kinder weitersuchen.

Erdlandschaften

Material: große Wanne, verschiedene Erdmaterialien, Wasser, Naturmaterialien (siehe Text)

Aus den verschiedenen Erdmaterialien, die gesammelt worden sind, kann auch eine Landschaft gestaltet werden. In einer großen Wanne können Lehm, Sand und der Mutterboden zu einer hügeligen Landschaft angeordnet werden. Mit Zweigen und Stöcken, Blättern und Moos wird die Landschaft weiter gestaltet. Die Erde sollte immer wieder mit Wasser befeuchtet und um- bzw. weiterausmodeliert werden. Auch ein kleiner Teich kann in der Landschaft entstehen. Aus dem Lehm werden Tiere oder Figuren geformt und anschließend in der Sonne getrocknet. Sie können dann in das Spiel miteinbezogen werden.

Fußkontakt

Den meisten Kontakt zur Erde haben wir mit den Füßen. Das wollen wir jetzt noch ein bißchen intensiver erleben.

* Geht kreuz und quer durch den Raum und versucht, eure Füße ganz auf den Boden zu pressen.
* Versucht jetzt einmal, so wenig wie möglich den Boden zu berühren, so als würdet ihr auf einem heißen Untergrund laufen.
* Stellt euch vor, ihr würdet Fußabdrücke in nassem Sand machen.
  Drückt dazu so fest wie möglich in den Sand und rollt den Fuß dann ab.
* Nun geht ihr über weiches Moos, und euer Gang wird ganz beschwingt und leicht.
* Ihr geht über kantige Steine, die spitz und ungemütlich sind.
* Jetzt kommt ihr wieder zurück in den Sand. Er ist ganz heiß. Ihr befindet euch am Strand und geht so schnell wie möglich mit so wenig Berührung zum Boden wie möglich in Richtung Wasser.
* Ihr kommt in den kühleren, nassen Sand dicht am Wasser und drückt eure Füße wieder fest in den Boden.
* Ihr seid nun am Wasser und lauft hinein. Dazu müßt ihr eure Knie etwas anheben, damit ihr im Wasser vorwärtskommt.
* Ihr stapft wieder aus dem Wasser heraus und schüttelt zum Schluß das Wasser von euren Füßen und Beinen ab.

Einführende Übungen für den Tanz

Wir stellen uns auf die flachen Füße, die Füße hüftbreit auseinander, die Knie leicht gebeugt. Der Körper ist aufrecht, aber locker, Schultern und Arme hängen seitlich locker herunter. Laßt nun die Knie gleichmäßig klein wippen, ohne sie zwischendurch durchzudrücken; ganz einfach nur leicht und locker in den Knien wippen. Dann stehen wir wieder aufrecht wie ein Storch auf einem Bein.
Das Standbein ist durchgedrückt und wird langsam so tief wie möglich gebeugt.
Das Standbein wird langsam wieder durchgedrückt. Vorsicht: Gleichgewicht halten!
Anschließend beugen wir langsam das Standbein ganz tief und drücken es durch.
Dieses wird einige Male wiederholt.
Dann stellen sich die Kinder auf beide Füße und vergleichen, ob es einen Unterschied vom Standgefühl her gibt. (Das Standbein, bzw. der Fuß des Standbeines, fühlt sich in der Regel dem Boden näher an).
Die ganze Übung wird nun mit dem anderen Bein wiederholt.
Diese Übung ist für kleinere Kinder nicht ganz einfach. Deshalb ist es sicher sinnvoll, sie zu stützen bzw. sich gegenseitig festhalten zu lassen.
Wir üben nun noch einen Sprung: Dazu stellen wir uns auf beide Füße, die Knie tief gebeugt.
Der Oberkörper ist etwas nach vorne geneigt, wir holen mit beiden Armen Schwung, drücken uns dann vom Boden ab und springen in die Höhe.

Erdentanz

Dieser Tanz hat einfache Bewegungen aus Grundelementen des afrikanischen Tanzes. Die vorher beschriebenen einführenden Übungen sind wichtig, weil es darauf ankommt, einen möglichst guten Kontakt zur Erde herzustellen, die Füße ganz flach aufzusetzen und die Knie immer leicht gebeugt locker zu lassen. Dann kann der Tanz sehr dynamisch und kraftvoll werden und macht um so mehr Spaß.
Es gibt fünf kurze Musikteile, die sich fünfmal wiederholen.
Der gesamte Tanz wird in der Kreisform getanzt.

Teil A:
Alle Tänzerinnen und Tänzer stehen im Kreis und beginnen mit einem Wiegeschritt: auf den rechten Fuß, linken Fuß, rechten Fluß, linken Fuß, dort zweimal in die Hände klatschen. Das wird noch einmal wiederholt.

Teil B:
Acht Stampfschritte mit flachen Füßen und federnden Knien zur Mitte tanzen, mit dem rechten Fuß beginnen.

Teil C:
Wieder 8 Schritte zurück auf die Kreislinie tanzen. Diesmal werden die Schritte jedoch etwas anders gemacht.
Jedesmal, bevor ein Schritt rückwärts getanzt wird, zuerst kurz den Fuß vorzeigen:
rechte Hacke nach vorn aufsetzen, dann rechten flachen Fuß einen Schritt weiter hinten aufsetzen, Gewicht damit auch auf rechts verlagern (Knie immer etwas gebeugt lassen), linke Hacke nach vorn aufsetzen, Schritt mit dem linken Fuß nach hinten usw.

Teil D:
Die Schritte des Musikteils C werden am Platz wiederholt; diesmal schwingen noch die Arme vor dem Körper mit. Wenn der rechte Fuß gezeigt wird, schwingen die Arme nach rechts, beim linken Fuß nach links.

Teil E:
Alle stehen fest auf beiden Füßen, die Knie sind jetzt stark gebeugt, der Oberkörper ist leicht nach vorn geneigt, so als ob man vom Rand eines Schwimmbeckens einen Kopfsprung vorbereitet.
Die Musik zählt 4 deutliche Schläge; bei 1 bis 3 die Arme seitlich ausstrecken und langsam nach hinten und wieder an den Körper führen (Energie einsammeln für den Sprung, der jetzt kommt), bei 4 hochspringen. Dieser Sprung ist auch schon in den Vorübungen beschrieben.

Das Element Luft

Luftige Spiele für groß und klein

Pustefix

Material: Watte, kleine Luftballons, Federn, Blätter, Tempotücher, Seile, Tischtennisbälle, Bänder und Wollfäden verschiedener Stärke

- ✳ Die Kinder liegen auf dem Bauch im Kreis und pusten die verschiedenen Gegenstände einander zu. Als nächstes wird zum Pusten ein Strohhalm benutzt. In einer weiteren Runde benutzen wir ein Blasebalg zum Weiterbewegen der Gegenstände.
- ✳ Die Kinder sitzen um einen Tisch und pusten sich die oben genannten Gegenstände gegenseitig zu. Jetzt darf jedoch kein Teil zu Boden fallen.
- ✳ Mit den Seilen wird eine Hindernisbahn durch den Raum gelegt. Die Kinder stellen sich hintereinander an den Anfang der Strecke. Die Gegenstände werden nacheinander durch den Parcours gepustet. Es können auch zwei Kinder gleichzeitig starten.

Vögel im Wind

Material: Pro Kind zwei Halstücher (80 cm x 80 cm)

Die Halstücher werden mit den zwei gegenüberliegenden Ecken am Oberarm bzw. über der Schulter befestigt. Die gegenüberliegenden Ecken des Tuches werden um die Handgelenke gebunden. Die Kinder üben nun den Vogelflug:

- ✳ Stellt euch vor, ihr seid Vögel, die sich zum Fliegen bereitmachen. Plustert euch auf und schlagt mit den Flügeln.
- ✳ Schlagt nun kräftiger mit den Flügeln und fliegt durch den Raum.
- ✳ Ihr seid jetzt hoch oben in der Luft. Der Wind trägt euch. Ihr braucht nicht mehr mit den Flügeln zu schlagen, sondern könnt einfach eure Arme ausbreiten und durch die Luft schweben.
- ✳ Ein Sturm kommt auf. Ihr werdet hin- und hergetrieben. Nun müßt ihr wieder mehr mit den Flügeln schlagen.
- ✳ Der Wind legt sich und ihr schwebt mit ausgebreiteten Flügeln gemächlich durch die Luft.
- ✳ Ihr habt unten am Boden etwas Interessantes entdeckt und fliegt im Sturzflug hinunter.

Bänderstöcken selbstgemacht

Material: Kreppapier in verschiedenen Farben, Laternenstöcke, Säge, Bindfaden oder Tesa-Krepp

Die Laternenstöcke werden in der Mitte geteilt. Aus dem Kreppapier schneiden die Kinder mehrere, etwa 10 cm breite Streifen mit einer Länge von ca. 1,50 Meter. An einem Ende der Stöckchen werden etwa 5-10 verschiedenfarbige Streifen Kreppapier mit Bindfaden oder Tesa-Krepp befestigt.

Bewegungsspiele mit den Bänderstöckchen

Jedes Kind erhält ein Bänderstöckchen. Die Kinder bilden einen großen Kreis und lassen dabei ausreichend Abstand zum nächsten Kind.

* Mit ausgestrecktem Arm schlagen die Kinder seitlich vom Körper mit den Stöckchen bunte Windräder.
* Die Windräder werden vor dem Körper geschlagen.
* Andere Figuren wie Achten, Schleifen usw. werden in die Luft geschrieben.
* Die Bewegungen können auch auf Stühlen stehend durchgeführt werden.

Varianten:

1) Alle Kinder bilden eine Schlange, die von der Spielleitung oder einem Kind angeführt wird. Die Spielleitung bzw. das erste Kind macht eine Bewegung mit dem Bänderstöckchen vor. Alle anderen machen die Bewegung nach. Dabei bewegt sich die Schlange durch den Raum.

2) Die Kinder bilden Paare, die sich jeweils gegenüberstehen. Nun werden die Bewegungen gespiegelt. Ein Kind macht eine Bewegung vor, die das andere Kind nachahmt. Danach tauschen die beiden die Rollen.

Tanz der Windräder

Einleitung:
Alle Tänzerinnen und Tänzer sind mit einem Bänderstöckchen ausgestattet und stehen mit genügend Abstand voneinander in einer Schlange. Es sollten maximal 10 Kinder in einer Schlange stehen, sonst müssen mehrere gebildet werden.

Teil A:
Wie vorher im Spiel geübt, schlagen die Kinder seitlich vom Körper mit ausgestrecktem Arm Windräder.

Teil B:
Die Schlange setzt sich, von der Spielleitung angeführt, im Rhythmus der Musik gehend, in Bewegung. Dabei werden die Bänderstöckchen seitlich hochgehalten und leicht bewegt, so daß sie im Windzug etwas flattern.

Wiederholung Teil A:
Die Schlange bleibt wieder stehen. Die Kinder schlagen vor ihrem Körper rechts herum Windräder.

Wiederholung Teil B:
Die Schlange setzt sich in Bewegung. Jetzt werden die Stöckchen hochgehalten und beim Gehen stärker auf und ab bewegt. Es entstehen bunte Wellen.

Wiederholung Teil A:
Die Schlange bleibt stehen. Die Kinder schreiben große, fliegende Achten mit den Bänderstöcken vor sich in die Luft.

Wiederholung Teil B:
Die Spielleitung führt die Schlange wieder durch den Raum und alle schreiben beim Gehen Achten in die Luft.

Wiederholung Teil A:
Die Schlange bleibt stehen. Jedes Kind faßt seinen Tanzstab mit beiden Händen und schwingt ihn über seinem Kopf wie ein Fähnchen am Mast.

Wiederholung Teil B:
Die Schlange bewegt sich durch den Raum. Die Kinder halten dabei ihre Bänderstöckchen mit beiden Händen hoch über dem Kopf.

Die Musik hat vier Durchgänge. Beim Ausklang der Musik sieht es besonders schön aus, wenn alle mit ihrem Windrad zum Kreis zusammenkommen und die Bänderstöckchen gleichzeitig langsam nach unten zur Kreismitte führen. Hierbei sollte die Spielleitung den Kindern den Schluß und das Zusammenkommen in der Mitte durch ein Handzeichen signalisieren.

Jetzt wird Schluß gemacht!

Begrüßungsspiele, -zeremonien, auch kleine Tanzspiele mit Musik für Anfangssituationen sind uns bekannt. Beim Abschiednehmen oder Schlußmachen hat der Mensch zwar auch ein paar Rituale entwickelt, aber es wird im allgemeinen nicht viel Zeit dafür gelassen. Wir haben auch schon Begrüßungstänze in Abschiedstänze umfunktioniert, doch immer noch keinen echten Abschiedstanz gefunden. Hier ist er!

Beim Nachdenken zu diesem Thema in bezug auf Kinder ist uns zu dem Stichwort „kein Ende finden" die Bandwurmidee eingefallen. Es ist eine Mitspielgeschichte, die ein Ende findet, und gleichzeitig eine Spielidee, den Abschied bewußt zu gestalten. Außerdem wird in einem Spiel noch dazu angeregt, auf welche Arten und Weisen Menschen sich voneinander verabschieden können.

Damit Kinder die Geschichte direkt miterleben und mitspielen können, sind ein paar Vorbereitungen zu treffen. Zunächst ist es wichtig, die Geschichte zu kennen. Nach der Geschichte folgt eine Bastelanleitung für eine grüne Schachtel mit Bandwurm. Diese sollte zum Vorlesen fertiggestellt sein. Beim ersten Vorlesen und Spielen der Geschichte sind zwei Erwachsene erforderlich.

Die Geschichte vom Bandwurm Benjamin, der kein Ende hatte – oder doch?

(Vorlese- und Spielgeschichte)

Wir basteln einen „Benjamin Bandwurm"

Das Bandwurm-Spiel

Tschüs, bis morgen!

Abschiedstanz

Die Geschichte vom Bandwurm Benjamin, der kein Ende hatte – oder doch?

Eines Tages stand im Gruppenraum eine grüne Schachtel auf dem Tisch. Sie wurde von einigen Kindern schon neugierig von allen Seiten angeschaut, aber Marion, die Gruppenleiterin, hielt die Kinder zurück: „Die grüne Schachtel muß noch zubleiben! Nachher setzen wir uns alle zusammen, und ich zeige euch, was darin ist."
Das war aber eine schwierige Aufgabe für einige Kinder: bis zum Schluß warten! Doch immer, wenn sie sich wieder der grünen Schachtel näherten, riefen ein paar andere: „Halt! Die Schachtel wird heute erst zum Schluß geöffnet!"
Endlich war der Vormittag vorbei. Alle setzten sich in einer Ecke des Gruppenraumes gemütlich zusammen, und Marion kam mit der grünen Schachtel dazu. Als alle still waren, öffnete Marion langsam und nur ein kleines bißchen die grüne Schachtel: Heraus schaute ein ebenso grüner Knubbel aus Wolle mit zwei roten Augen.
„Hallo, Kinder!" sprach der grüne Knubbel, „ich bin Benjamin Bandwurm! Jonas, kannst du mich wohl anfassen und hier herausziehen?"
Jonas traute sich zuerst gar nicht, so überrascht war er. Dann faßte er Benjamin vorsichtig beim Kopf und zog ... und zog ... und zog ...
„Wie lang bist du denn noch, Benjamin?", fragte Jonas. „Ho ho!", lachte der inzwischen schon einen halben Meter lange, grüne Benjamin Bandwurm. „Weißt du denn nicht, was ein Bandwurm ist?"
Neben Jonas saß Anika. Sie half inzwischen Jonas dabei, Benjamin aus der Schachtel zu ziehen. „Hallo, Anika, hast du schön gespielt heute morgen?", fragte Benjamin und wurde bereits von Stefan, der hinter Anika saß, herübergezogen. „Grüß dich, Stefan! Du hast sicher auch noch nie einen grünen Bandwurm in der Hand gehabt. Hilf mir mal, da vorn zur Lena zu kommen. Sie will mir auch 'guten Tag' sagen."
Und so schlängelte sich Benjamin, der grüne Bandwurm, immer weiter aus der Schachtel heraus durch die Hände der Kinder. Von allen wurde er begrüßt und weitergegeben, bis die Runde zu Ende war. Jedes Kind hatte Benjamin begrüßt, der sich durch die Kinderhände schlängelte, und es war immer noch kein Ende von dem grünen Bandwurm in Sicht!
„Marion, schau doch einmal nach, wie lang der Bandwurm noch ist!" rief Stefan.
Und siehe da, kaum hatte Stefan dies ausgesprochen, erschien ein kleiner, zweiter grüner Knubbel: Das Ende von Benjamin Bandwurm.
„Oooooh", staunten die Kinder.
„Was hängt da an Benjamins Ende?", rief Anika. Tatsächlich hing eine kleine grüne Karte an dem Knubbelende. „Es steht etwas darauf geschrieben", sagte Marion, die sich die Karte genauer ansah. „Oh, es ist eine Nachricht für uns, ich lese sie euch vor:

„Die Reise durch Eure Hände, die war sehr schön und nett,
doch jetzt bin ich ganz müde und möcht' ins grüne Bett!"

Nun fiel es den Kindern erst auf, daß Benjamin schon lange nichts mehr gesagt hatte. Ganz schlapp und unbeweglich lag er in den Händen von Dennis und schlief. Etwas aufgeregt flüsterten die Kinder durcheinander, weil sie nicht wußten, was sie mit dem schlafenden Benjamin tun sollten. Er lag schließlich in den Händen aller Kinder verteilt.
Marion ging zu Benjamins Kopf, streichelte ihn ganz behutsam und sprach leise zu den Kindern:

„Wir dürfen ihn jetzt nicht wecken. Helft mir dabei, ihn in sein grünes Bett zu legen!"
Vorsichtig begannen die Kinder, Benjamin wieder in seine grüne Schachtel zurückzubringen.
Marion legte das grüne Knubbelende mit der Karte zuerst hinein und nach und nach verabschiedeten sich alle Kinder von Benjamin.
„Schlaf gut!" flüsterten sie, bevor sie ihn losließen.
Zum Schluß durften alle noch einmal in die Schachtel sehen und den schlafenden Benjamin betrachten.
Als Marion die grüne Schachtel vorsichtig wieder verschloß und auf die Fensterbank zwischen die Blumen stellte, meinte Tim: „Schön, wenn er dann wach wird, kann er gleich aus dem Fenster sehen!" Einige Kinder fragten bereits: „Können wir morgen wieder Benjamin begrüßen?"
Und Marion versprach: „Bestimmt kommt er morgen wieder und spielt mit uns das Benjamin-Bandwurm-Spiel."

Wir basteln einen „Benjamin-Bandwurm"

Material: dick gedrehte, grüne Wolle (ca. 100 Gramm), grüner Bindfaden, Nähnadel, zwei rote Holzperlen mit Loch, ein Schuhkarton mit Deckel, grünes Geschenkpapier oder Kreppapier, Kleber, Schere, Moos, grünes Kärtchen, gelochte Klarsichtfolie (siehe Beschreibung)

An einem Ende wird etwas Wolle zu einem kleinen Knäuel gewickelt und mit grünem Faden fest umnäht. Zwei rote Holzperlen werden an diesen Wollknubbel angenäht. Es sind Benjamins Augen.
Für die grüne Schachtel reicht ein Karton von 15 cm (LängexBreitexHöhe) mit einem Deckel. Auch ein Kinderschuhkarton kann mit grünem Geschenkpapier, selbstverständlich passend zur Wolle, beklebt werden. Ein sehr weiches Bett erhält Benjamin, wenn die Schachtel mit grünem Moos ausgelegt wird.
Das vorbereitete Wollknäuel wird ganz abgewickelt und am Ende wiederum ein kleiner Knubbel zusammengenäht. An diesem Ende befestigt Ihr ein möglichst grünes Kärtchen in einer einmal gelochten Klarsichtfolie. Auf dem Kärtchen steht folgender Text:

Das Bandwurm-Spiel

Ist die Benjamin-Bandwurm-Geschichte der Kindergruppe schon bekannt, so läßt sich das folgende Spiel sehr schön als Abschiedszeremonie einsetzen.
Die Spielgruppe sitzt im Kreis zusammen. Die Spielleitung hat die grüne Schachtel mit Benjamin auf dem Schoß, öffnet sie, nimmt den Kopf in die Hand und sagt:
„Hallo, Benjamin, du lachst ja heut' so froh! Bevor jetzt gleich dein Ende kommt, sag ... (Name eines Kindes) ... noch hallo!"
Das aufgeforderte Kind sitzt neben der Spielleitung, begrüßt Benjamin und gibt ihn weiter, bis alle im Kreis Benjamin begrüßt haben und ein Stück von ihm in der Hand halten.
Die Spielleitung ruft: „Schluß für heute!" Nun muß Benjamin wieder verabschiedet werden.

Die Spielleitung legt Stück für Stück des Bandwurms wieder in die grüne Schachtel hinein. Jedes Kind, das Benjamin loslassen muß, verabschiedet sich von ihm:

„Ach, du grüner Benjamin, wie siehst du müde aus,
drum sag' ich dir „Auf Wiedersehen"
und bring' dich in dein Haus."

Tschüs bis morgen!

Die Kinder finden sich zu zweit zusammen und erhalten von der Spielleitung die Aufgabe, sich voneinander zu verabschieden. Reihum zeigen die Spielpaare dann den anderen, wie sie sich verabschieden.

Während einer neuen Runde gibt die Spielleitung konkretere Aufgaben. Verabschiedet euch wie:

✳ die Oma, die zu Besuch da war
✳ Mutter und Kind im Kindergarten
✳ Papa beim Gute-Nacht-Sagen
✳ Sportsfreunde nach einem gewonnenen Spiel
✳ zwei Freundinnen/Freunde am Telefon
✳ zwei, die sich überhaupt nicht leiden mögen

Abschiedstanz

Der Abschiedstanz besteht aus zwei Musikteilen. Wir empfehlen, die Musik vorher einmal gemeinsam zu hören, um den Gesangsteil mit den Kindern einzustudieren.

Teil A (Gesang)
Die Kinder stellen sich im Kreis auf und fassen sich bei den Händen. Alle tanzen rechts herum los und singen dabei:

„Jetzt wird Schluß gemacht, wir gehen jetzt nach Haus."

Im gleichen Tempo gehen alle nach links im Kreis und singen:

„Es hat uns heut' sehr viel Spaß gemacht,
das soll es morgen auch."

Mit 4 kleinen Trippelschritten bewegen sich alle auf die Kreismitte zu und genauso wieder zurück.

„Nun ist das Spielen ... (Pause) ... aus".

Bei „aus" stehen alle wieder auf der äußeren Kreislinie.

Teil B (instrumental):
In diesem zweiten Musikteil lösen die Kinder die Handfassung und tanzen durcheinander. Sie verabschieden sich von möglichst vielen entgegenkommenden Kindern durch Klatschen in die erhobenen Hände. Dabei rufen alle während des Klatschens:
„Und Tschüs!", „Auf Wiedersehen!", „Bye bye!", „Ciao!", usw.

Die beiden Musikteile wiederholen sich, der Tanz endet mit dem ersten Musikteil (Gesang).

Weiterführende Literatur

Von Stöcken, Besenstielen und allerlei Gehölz

Irene Flemming
Stöcke, Steine, Luftballons (Spielkartei)
Matthias-Grünewald-Verlag, Mainz 1991

Steinzeit

Gipsy und Frank Baumann
Mit Mammut nach Neandertal
Kinder spielen Steinzeit
Ökotopia Verlag, Münster 1995

Palle Petersen
Tobias erlebt die Steinzeit
Neuer Finken Verlag 1984

Ärgern, Schimpfen, Streiten

Aleta J. Solter
Wüten, toben, traurig sein
Starke Gefühle bei Kindern
Kösel Verlag, München 1993

Arnd Stein
Wenn Kinder aggressiv sind
Kösel Verlag, München 1990

Annette Breucker
Schmusekissen – Kissenschlacht
Ökotopia Verlag, Münster 1993

David McKee
Du hast angefangen – nein Du!
Sauerländer Verlag, Frankfurt a. M. 1989

Christine Nöstlinger
Anna und die Wut
Verlag Jugend & Volk, Wien 1990

Hiawyn Oram/Satoshi Kitamura
Der wütende Willi
Verlag an der Ruhr, Mülheim 1993

Außerirdische

Satoshi Kitamura
Links von der Milchstraße
Sauerländer Verlag, Frankfurt a. M. 1989

Ritter

Kristina Hoffmann-Piper
Das große Spectaculum
Kinder spielen Mittelalter
Ökotopia Verlag, Münster 1995

Barbara Shook-Hazen
Der Ritter, der sich im Finstern fürchtete
Carlsen Verlag, Hamburg

Farben

Eva Heller
Wie Farben wirken
Rowohlt Verlag, Reinbek 1989

Karin Wölfel
Farbspiele mit Kindern
Kösel Verlag, München 1989

Petra Lange-Weber
Mein Malkasten
Arbeitsmappe zur Farbenlehre
Verlag an der Ruhr, Mülheim 1994

Eva Heller
Die wahre Geschichte von allen Farben
Lappan Verlag, Oldenburg 1992

Susanne Szesny/Detlev Jöcker
Alles was bunt ist
Menschenkinder Verlag, Münster 1995

Leo Lionni
Das kleine Blau und das kleine Gelb
Oetinger Verlag, Hamburg

1001 Nacht

Ina und Walter Etschmann
Bei uns in Istanbul
Lappan Verlag, Oldenburg 1994

Ursula Kirchberg
Selim und Susanne
Ellermann Verlag, München

Paul Maar/Verena Ballhaus
Neben mit ist noch Platz
Verlag Modus Vivendi, 1993

Die Elemente

Gisela Walther
Die Elemente im Kindergarten
Vier Einzelbände zu den Elementen
Herder Verlag, Freiburg i. Brsg. 1991 - 1993

Ursula Müller-Hiestand
Erde, Wasser, Feuer, Luft
AT Verlag, 1990

Irmgard Eberhard
Mein Bilderbuch von Erde, Feuer und Luft
Ravensburger Buchverlag, Ravensburg 1990

Bezugsadresse
für Leucht-Schminke:

Rhinozeros Versand, Helmholtzstraße 145,
46045 Oberhausen

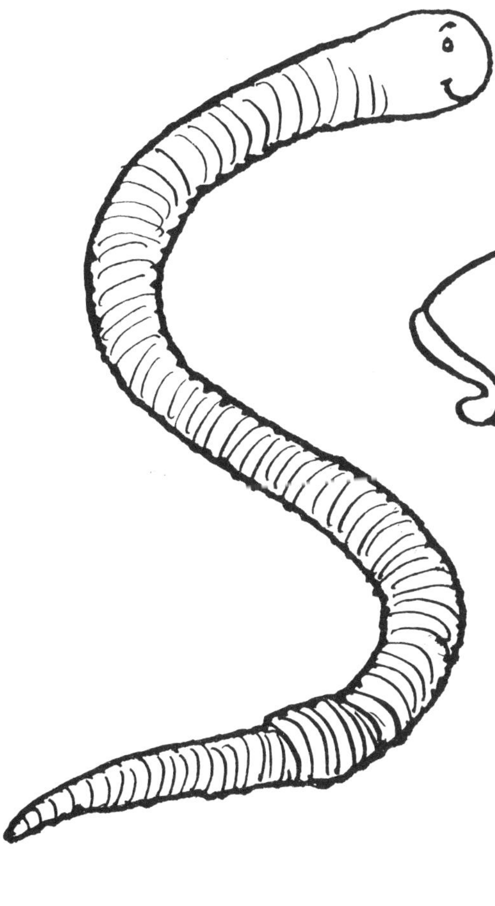